Carl Wilhelm Samuel Aurivillius

Über Symbiose als Grund accessorischer Bildungen

bei marinen Gastropodengehäusen

Carl Wilhelm Samuel Aurivillius

Über Symbiose als Grund accessorischer Bildungen
bei marinen Gastropodengehäusen

ISBN/EAN: 9783743640917

Hergestellt in Europa, USA, Kanada, Australien, Japan

Cover: Foto ©ninafisch / pixelio.de

ÜBER

SYMBIOSE ALS GRUND ACCESSORISCHER BILDUNGEN.

BEI

MARINEN GASTROPODENGEHÄUSEN

VON

CARL W. S. AURIVILLIUS.

MIT 5 TAFELN.

AN DIE K. SCHWEDISCHE AKADEMIE DER WISSENSCHAFTEN EINGEREICHT DEN 11 MÄRZ 1891.

STOCKHOLM 1891.
KONGL. BOKTRYCKERIET, P. A. NORSTEDT & SÖNER.

EINLEITUNG.

Den nächsten Anlass zur folgenden Studie gab der Fund einiger monströsen Schalen von *Littorina littorea* L., welche während eines Ausflugs von der zoologischen Station der Königl. schwed. Akademie der Wissenschaften zum Innern des Gullmarfjord an der West-küste Schwedens im Sommer 1889 gefangen wurden. Es waren diese *Littorina*-Schalen nur durch die Spitze als solche kenntlich, denn die Mündung hatte eine ganz absonder-liche Gestalt. Indem nämlich der Mundsaum weit über die natürliche Grenze hinaus verlängert war, zeigte er zugleich drei Ausbuchtungen, von denen sich sonst keine Spur bei der fraglichen Schnecke findet, und zwar gab mir dieser besondere Umstand zu der Ver-muthung Anlass, es wären die dergestalt erweiterten Schneckengehäuse von je einem Ein-siedlerkrebs bewohnt gewesen, welcher etwa einen Einfluss auf die Form des Gehäuses ausgeübt hätte. Erst im letzten Sommer (1890) bot sich eine Gelegenheit dar den Auf-schluss über diese Frage zu bekommen, als in derselben Gegend einige von *Pagurus Bernhardus* L. bewohnte *Littorina*-Schalen angetroffen wurden, die auf ähnliche Weise vergrössert einen fremdartigen Anblick gewährten. Sie waren sämmtlich von einem Hydroiden, *Hydractinia echinata* FLEM. bedeckt, und es leuchtete bald ein, dass dieser nicht auf die Schneckenschale beschränkt sei, sondern sich frei über deren Mündung hinaus streckend eine beträchtliche Erweiterung der Wohnstätte des Paguren bewirkte. Es war mir also daran gelegen zuerst die näheren Verhältnisse dieser Symbiose durch direkte Beobach-tungen zu ermitteln, wobei die Aquarien der zoologischen Station einen vorzüglichen Dienst leisteten, um sodann die morphologischen Untersuchungen vorzunehmen, welche die Frage näher aufklären könnten.

Eine Erweiterung dieser wurde ferner dadurch möglich, dass ich theils durch das Wohlwollen der Herren Prof. S. Lovén und T. Tullberg auf ähnliche Weise umgewandelte recente arktische Schneckengehäuse aus dem Reichsmuseum zu Stockholm und dem Uni-versitätsmuseum zu Upsala bekommen konnte, theils vom Herrn Prof. G. Lindström einige monströse tertiäre *Natica*-Schalen aus den palæontologischen Sammlungen des Reichs-museums gütigst zur Vergleichung empfangen habe.

Als Seitenstücke zu der genannten Symbiose führe ich schliesslich die Symbiose zwischen der Spongie *Suberites ficus* ESPER und den kleineren Pagurus-Arten, sowie diejenige zwischen der Aktinie *Adamsia palliata* FORB. und *Pagurus Prideauxii* LEACH vor. Es kommt nämlich auch hier eine monströse Erweiterung der vom Pagurus bewohnten Schale zu Stande und zwar auf eine Weise, welche nicht nur den Gedanken eines zufälligen dem Krebse etwa verhängnissvollen Zusammenwohnens ausschliesst, sondern vielmehr den gegenseitigen Vortheil dieser Symbiose ins Licht zu setzen geeignet ist.

Stockholm im Januar 1891.

I. Die Symbiose zwischen Hydroiden und Paguren.

A. Die Vergrösserung eines von Pagurus bewohnten Gastropodengehäuses durch besonderes Wachsthum des Polypars
des Hydroiden.

Die Gastropoden, deren Gehäuse von Paguren zum Wohnsitz gewählt werden, sind
natürlich solche, die in derselben Tiefenregion wie die verschiedenen Pagurus-Arten vorkommen. Demnach findet sich der Bernhardskrebs (*Pagurus Bernhardus* L.) an der
schwedischen Küste am häufigsten in den Schalen von *Littorina littorea* L., *Buccinum
undatum* L. oder *Purpura lapillus* L., welche entweder dem Gebiete von Ebbe und Fluth
angehören oder nur wenige Fuss unter jenem leben. Jüngere Individuen kommen auch
in *Turritella communis* Risso, *Natica nitida* Forb. und mehreren kleinen Schnecken vor.
Es gilt dasselbe auch von der bei uns selteneren, ihrer Verbreitung nach arktischen Art,
Pagurus pubescens Kröyer.

Die von diesen beiden Einsiedlerkrebsen bewohnten Schneckengehäuse sind oft mehr
oder weniger von einem Hydroiden bedeckt und zwar entweder von einer *Hydractinia*
(*H. echinata* Flem.) oder von einer *Podocoryne* (*P. carnea* Sars). Es bilden die Polyparien beider Gattungen einen krustartigen Ueberzug der Schalen, indem das Coenosark
ein sehr derbes netzförmiges Chitinskelett abscheidet, welches der Schale fest angeheftet
auch nach dem Tode der Polypen dieselbe bekleidet. Wo die Kruste nicht die ganze
Schale überzieht findet sie sich am häufigsten auf der letzten oder den beiden letzten
Windungen derselben, und zwar scheint im Allgemeinen die Bildung des Polypenstöckchens
von der Mündungsseite jener Windung auszugehen. Hier, am Columella, setzt sich die
Hydroidlarve nach dem Herumschwärmen fest um von dort die Stolonen nach allen Rich-
tungen auszusenden. Durch reiches Verzweigen und Anastomosiren der Zweige (Taf. III,
Fig. 2) kommt ein dichtes Netzwerk zu Stande, dessen Maschen von einem anfangs dünnen, sodann dicker werdenden Chitin sich ausfüllen. Es gewinnt auf solche Weise der
Hydroide an Flächenausdehnung, aber gleichzeitig geschieht auch ein Dickenwachsthum
und zwar dadurch dass die Stolonen ausser den Seitenzweigen auch obere Zweige immerfort abgeben. Diese können entweder die Richtung der primären einschlagen, oder gehen
deren mehrere in die Bildung eines Polypen zusammen.

Bei näherer Verfolgung des gewöhnlichen Verlaufes der Flächenzunahme bei *Hydractinia echinata* hat sich folgendes herausgestellt.

Es geht das anfängliche Wachsthum hauptsächlich in der Richtung der Columella nach vorn sowie nach hinten, bis der äussere Mundsaum beiderseits erreicht wird. Um diesen breiten sich die Stolonen theils auf der Aussen-, theils auf der Innenfläche aus, und setzen sich im letzteren Falle nicht nur über die ganze letzte Windung sondern auch bisweilen tiefer in den Hohlraum der Schnecke fort. Diese innere Kruste unterscheidet sich aber durch die Art ihres Dickenwachsthums sehr bedeutend von der äusseren. Es zeigen nämlich bei jener die Stolonen einen viel regelmässigeren Verlauf, so dass die Hauptzweige einer äusseren Schicht fast genau über denjenigen einer inneren liegen, was wiederum zur Folge hat, dass die zu den Seiten beider ausgesonderten Chitinleisten am häufigsten gerade über einander stehen, somit von der Basis bis zur Oberfläche der Kruste hohe, mit einander parallele Chitinlamellen bildend (siehe Taf. I, Fig. 9). Ein Querschnitt der äusseren Kruste (Taf. I, Fig. 9) giebt dagegen das Bild mehr unregelmässig geformter Schichten, deren Chitinleisten am häufigsten der Lage nach einander nicht entsprechen, wodurch das ganze Chitinskelett ein anderes Aussehen als in jenem Falle gewinnt. Dazu kommt noch dass der inneren Kruste — die Siphonalgegend jedoch ausgenommen — Polypen ganz und gar fehlen, während die äussere deren fünf verschiedene Arten besitzt. Es kann, wie mir scheint, dieser schlagende Gegensatz einzig und allein in der Symbiose der Hydroiden mit den Einsiedlerkrebsen seine Erklärung finden. Denn es treten zuerst die Krebse durch ihre Bewegungen innerhalb des Gehäuses immer und wieder der Sprossung jedes weichen Polypen hindernd in den Weg, aber es kommen ausserdem nicht einmal die festen Skelettpolypen, welche den beiden inkrustirenden Gattungen *Hydractinia* und *Podocoryne* eigen sind, der inneren Kruste zu, ein Umstand, der wiederum die Annahme bestätigt, es haben diese Polypen die besondere Aufgabe die übrigen zu schützen.

Wenn man also mit vollem Rechte behaupten kann, dass der Hydroide durch seine verschiedene Gestaltung auf der äusseren und inneren Fläche des Schneckengehäuses sich an die durch den Einsiedlerkrebs hervorgerufenen Verhältnisse genau angepasst hat, so gilt dies in noch höherem Grade von den accessorischen Bildungen desselben, welche ausserhalb der Schale frei herausragen.

Es kommen dergleichen Bildungen nicht selten vor. So findet man z. B. oft Schalen von *Littorina littorea*, deren Mundsaum auf irgend eine Weise verletzt worden, von dem Hydroiden ausgebessert, und zwar ist diese Ausbesserung bei den von mir untersuchten Exemplaren von innen aus geschehen, so dass die neue Kruste nach dieser Seite in der Fortsetzung der älteren liegt, die Aussenfläche dagegen uneben ist. Es leuchtet von selbst ein, dass hierdurch ein nicht unwesentlicher Vortheil dem Krebse zu Gute wird, dessen unverkalkte hintere Körpertheile bei jeder Streckung mit der Schale in Berührung kommen. Aber auch in dem Falle, dass der äussere Mundsaum völlig unverletzt ist, setzt sich oft die Kruste ausserhalb desselben fort, entweder in der ganzen Ausdehnung des Randes oder nur einen Theil desselben umfassend. Es geht hier das Wachsthum von der äusseren sowohl als von der inneren Schalenfläche aus, und zwar so, dass die Chitinlamellen, welche die Basis beider Krusten bilden, sich dicht an einander legen, wodurch eine feste innere Stütze der freien Kruste entsteht. Diese doppelte Stützlamelle nimmt übrigens eine verschiedene Lage ein je nachdem die äussere oder innere Kruste mächtiger entwickelt ist. Die Zunahme der freien Kruste geschieht in völlig derselben Richtung und mit derselben Wölbung wie diejenigen der letzten Schalenwindung, und was die Dicke derselben betrifft, so entspricht sie genau derjenigen der Schale mit Einschluss deren äusseren und inneren Hydroidenkruste. Am häufigsten ist die Grenze zwischen der Schale und der accessorischen Hydroidenkruste sowohl in- als auswendig verwischt und es hat das Ganze den Anschein eines monströs verlängerten Schneckengehäuses, das von einem Hydroide bedeckt ist.

Bisweilen, und zwar bei stärkerer Entwicklung der Kruste des äusseren Mundsaumes, tritt eine Verlängerung auch des inneren Mundsaumes von Seiten des Hydroiden ein, und es nimmt auch hierin nicht nur die äussere sondern auch die innere Kruste Theil, indem sich zuerst eine Verdickung dieser bildet, gegen welche jene emporwächst.

Was den Grad der Verlängerung betrifft, erreicht er bisweilen solche Höhe, dass die Schalenform bis zur Unkenntlichkeit verändert wird. Welche Bedeutung dies für den einwohnenden Krebs hat, erhellt völlig daraus, dass die ausserhalb des Schalenrandes hervorragende Hydroidenkruste bei vielen mir vorliegenden Schalen *die Hälfte der Körperlänge des darinnen hausenden Einsiedlerkrebses* misst. Wenn nun in Betracht kommt, dass das Kopfbruststück eines mittelgrossen Paguren bei jeder Häutung nur um etwa $1/7$ an Länge, um etwa $1/10$ an Breite zunimmt,[1]) sowie dass ferner die Häutungen desselben aller Wahrscheinlichkeit nach — es fehlen mir noch bei diesen Krebsen direkte Beobachtungen hierüber — erst nach Zwischenräumen vieler Wochen stattfinden, so darf die Zeit nicht allzu kurz geschätzt werden, während deren die genannten Schalen vom Krebse umhergetragen werden. Mit Rücksicht auf die Gewohnheit dieser Krebse nur gezwungen, d. h. entweder bei gewaltsamen Angriffen von aussen und von innen oder aus Mangel an Platz, ihre Wohnstätte zu verlassen, unterliegt es nämlich kaum einem Zweifel, dass in den fraglichen Fällen ein und derselbe Krebs während der Vergrösserung der Schale deren Einmiether gewesen ist. Es fällt nämlich gerade durch die Vergrösserung die wichtigste Ursache weg, die den Krebs nöthigt hin und wieder eine neue Wohnung aufzusuchen.

Was die Form des von den Hydroiden gebildeten Vorhofes des Schneckengehäuses betrifft, variirt sie einigermassen theils nach den verschiedenen Schalen, theils nach dem Grade der Verlängerung. In der Absicht dies zu veranschaulichen, sowie eine Uebersicht der entweder unter dem Museimaterial oder bei den Reisen nach den schwedischen und norwegischen Küsten getroffenen Fundorte durch Hydroiden vergrösserter Schalen zu liefern, theile ich hier die untersuchten Gattungen und Arten der Gastropoden mit.

---

[1]) Bei Exemplaren, die in den Aquarien der zoologischen Station zu Kristineberg sich gehäutet, habe ich dies ermitteln können. Es lässt sich dieser Vergleich schon unmittelbar bei der Häutung machen, denn es findet *nach* derselben keine Vergrösserung statt. Vergl. übrigens A. N. Vitzou. Recherches sur la structure et la formation des téguments chez les Crustacés Décapodes. Arch. de zool. expér. et gén. Vol. 10, 1882.

1. Recente Arten.

Littorina littorea L.

(Taf. 1, Fig. 1—2.)

Die vorliegenden Exemplare sind sämmtlich von *Hydractinea echinata* bewachsen und vergrössert. Bei einer von *Pagurus* verlassenen Schale, deren Hydroidenkruste bei dem Funde todt war, misst der freie Theil dieser 15 Mm. in Länge über der mittleren Ausbuchtung; es hat die Hydroide nicht nur den äusseren sondern auch den inneren Mundsaum angebaut, so dass die Mündung anstatt der ursprünglichen ovalen Form diejenige eines Dreiecks angenommen, dessen innere Seite fast gerade, die Ecken abgerundet sind. An Höhe kommt die accessorische Mündung der ganzen Schnecke gleich, indem sie um 11 Mm. höher als die wirkliche Schalenmündung ist; ihre Breite, über der Mitte, ist 7 Mm. grösser als diejenige dieser.

Der Fundort dieser sowie zweier anderen Schalen war besonders dadurch bemerkenswerth, dass der Boden sehr arm an Gastropoden, sowohl lebendigen als todten, war; er bestand aus kleinen Steinen mit grobem Sand und Thon gemischt, unter denen sehr wenige Thierformen, als *Venus striatula* Don, *Edwardsia* sp. und *Ophiuriden*, sich fanden. Dieser Mangel an für den Paguren geeigneten Wohnstätten fiel mir ebenfalls in den übrigen Fundorten der am stärksten vergrösserten Littorinaschalen auf, während dass in Lokalen, wo *Littorina* oder *Buccinum* oder beide zusammen zahlreich waren, die Vergrösserung, wo solche stattgefunden, von sehr geringer Ausdehnung war.

Die (Taf. 1, Fig. 1 und 2) abgebildete Littorina gehört jenen schalenarmen Lokalen an, weicht aber von der oben beschriebenen Schale in sofern ab, dass, während die Dimensionen der neuen Mündung dieselben wie bei jener sind, die Schale viel geringer ist. Die Weite der Höhlenmündung hängt davon ab, dass die Länge der accessorischen Hydroidenkruste, über der mittleren Ausbuchtung, nicht weniger als 25 Mm. — somit 10 Mm. mehr als bei jener — beträgt. Da die Höhlung beider Schalen einen Paguren von den grössten Dimensionen, die er in diesen Lokalen erreicht, beherbergen kann, scheint somit hier ein Beweis dafür gegeben zu sein, dass *die Vergrösserung der Schale, sei diese selbst grösser oder kleiner, so lange fort geht, bis der durch den Zuwachs des Krebses bedingte, nöthige Raum gewonnen ist.* Bei der letztgenannten Schale sind zwischen den drei oben erwähnten Ausbuchtungen, welche verschiedene Theile des Pagurenkörpers aufnehmen, ein der Länge nach gehender Rücken auf der Innenfläche merkbar, dem aussen eine Vertiefung entspricht. Bei dem erstgenannten Exemplare ist dieses nur angedeutet.

Bei einem dritten Exemplare, wo die freie Hydroidenkruste nur 10 Mm. lang, über der Mitte, ist, sind die drei Ausbuchtungen noch wenig ausgeprägt, auch ist es hier nicht zur Bildung eines inneren Mundsaums von Seiten des Hydroiden gekommen. Jedoch wird die Anlage eines solchen in der Verdickung gespürt, welche sich auf der inneren Kruste an der Grenze gegen die äussere findet.

Schliesslich mag noch bemerkt werden, dass der accessorische Theil der Schale bei den erwähnten Exemplaren und im Allgemeinen so bald die Kruste eine gewisse Länge erreicht hat, *verkalkt* ist. Diese Verkalkung (Taf. I, Fig. 9) kann freilich auch bisweilen auf die der freien Kruste am nächsten liegenden Theile des Hydroiden übergehen, aber am häufigsten ist sie auf jene beschränkt.

Es liegt mir aber auch ein Fall vor — das dritte der oben erwähnten Exemplare —, wo von der 10 Mm. langen freien Kruste nur die inneren 7 Mm. verkalkt, der äusserste 3 Mm. lange Rand unverkalkt ist, ein Beweis dafür, dass 1:o) die Verkalkung periodisch vor sich geht, 2:o) eine oberflächliche Schicht später hinzukommen kann, die eine Verlängerung der schon verkalkten Kruste ermöglicht.

Die einwohnenden Paguren gehörten *Pagurus Bernhardus* L. oder *P. pubescens* Kröyer an.

Fundorte: Schweden, Bohuslän, in den inneren Theilen des Gullmarfjord, in 10—30 Meter Tiefe, mehrere Exemplare. RM. [1]).

Es liegen diese im Monat Juli 1889 und 1890 gesammelten Schalen, deren einige von Paguren bewohnt, andere leer waren, der Darstellung dieser Verhältnisse zu Grunde.

Natica helicoides Johnst.

Ein beschädigtes Exemplar dieser Art, dessen letzte Windung fast ganz fehlte, ist durch *Podocoryne carnea* ausgebessert und zwar so, dass nicht nur der äussere Mundsaum um 8 Mm., in der Mitte, vermehrt, sondern auch die Columella verlängert worden ist. Es hat hierdurch die Schale ihre natürliche Form fast vollständig wieder bekommen. Die Kruste ist durchaus unverkalkt.

Die Schale war von *Pagurus pubescens* bewohnt.

Fundort: Die arktische Region Norwegens, Kvænangenfjord, im Sommer 1884. (Der Verf.). UM.

Natica clausa Brod. et Sow.

Das abgebildete, sowie die übrigen vorliegenden Exemplare sind sämmtlich von *Podocoryne carnea* ganz überwachsen. Durch dieselbe ist der äussere Mundsaum bei 10 Mm. hohen Schalen um 7—8 Mm. verlängert. Der innere Mundsaum ist freilich nicht, wie bei den erwähnten Littorinen, angebaut, aber wohl findet sich in der Verlängerung der Columella ein 5 Mm. gerade nach vorne gehender Rücken, welcher an seinem Ende unter fast geradem Winkel sich mit dem verlängerten äusseren Mundsaum vereinigt. Bei einer dritten Schale ist der beschädigte Mundsaum vom Hydroiden ausgebessert und noch dazu vermehrt. Bei allen Exemplaren ist die Kruste ganz und gar unverkalkt.

Sie waren von *Pagurus pubescens* bewohnt.

Fundort: Die arktische Region Norwegens, Kvænangenfjord, im Sommer 1884. (Der Verf.). UM.

---

[1]) Die den Fundorten beigefügten RM und UM bezeichnen resp. das Reichs-Museum zu Stockholm und das Universitäts-Museum zu Upsala, wo die resp. Exemplare aufbewahrt sind. Der innerhalb ( ) stehende Name giebt den Einsammler der resp. Exemplare an.

Natica pallida Brod. et Sow.

Bei einem erwachsenen, von *Podocoryne* nur auf der Mündungsseite überwucherten Exemplare hat sich auf der Columella, sowie auf dem vordersten Theil des äusseren Mundsaumes eine Verdickung gebildet, während der übrige Mundkreis unverändert ist. Es hat in der Verkrustung keine Verkalkung stattgefunden.

Die Schale war von dem arktischen *Pagurus pubescens* bewohnt.

Fundort: Spitzbergen, in 12—40 Meter Tiefe auf Stein- und Algenboden. (Die schwedische Spitzbergs-Expedition 1861). RM.

Margarita undulata Sow.

Es liegen mir mehrere Exemplare dieser Art vor, welche durch *Podocoryne* mehr oder weniger vergrössert sind. Bei dem am stärksten erweiterten — die Länge der freien Kruste misst dort 6 Mm. — hat die Vergrösserung auf dieselbe Weise wie bei den zwei erwähnten Schalen von *Natica clausa* stattgefunden, indem vom Nabel aus in der Achse der Schnecke eine gerade nach vorne gehende Kante sich bildet, mit welcher der äussere accessorische Mundsaum zusammengeht. Die Hydroidenkruste — sie mag mehr oder weniger ausgebildet sein — ist bei allen unverkalkt.

Es war diese sowie die beiden folgenden Kreiselschnecken aus der arktischen Region von *Pagurus pubescens* bewohnt.

Fundorte: Die arktische Region Norwegens, Kvænangenfjord, im Sommer 1884. (Der Verf.). UM.

Porsangerfjord, im Sommer 1887. (G. Kolthoff). UM.

Trochus tumidus Mont.

(Taf. I, Fig. 7 und 8.)

Auf ähnliche Weise wie bei der vorigen Art ist bei dieser eine Vergrösserung durch *Podocoryne* zu Stande gekommen. Die neue Mündung ist 9 Mm. hoch und kommt dadurch an Höhe der ganzen Schnecke gleich, während die eigentliche Schalenmündung kaum 5 Mm. misst; der Querdurchmesser jener ist 4 Mm. grösser als derjenige dieser. Ebenso wenig wie bei der vorigen Art kann hier eine Verkalkung bemerkt werden.

Fundort: Die arktische Region Norwegens, Kvænangenfjord, im Sommer 1884. (Der Verf.). UM.

Trochus cinerarius L.

Die Umbildung dieser Schnecke kann mit derjenigen der vorigen Art in jeder Hinsicht verglichen werden.

Fundort: Derselbe wie bei der vorigen Art. UM.

Lacuna divaricata Fabr.

(Taf. I, Fig. 5 und 6.)

Die vorliegenden arktischen Exemplare dieser Art sind beide von *Podocoryne carnea* bedeckt und erweitert. Bei dem einen misst die Erweiterung in Länge 7 Mm., in Höhe 9 Mm. und in Breite 6,5 Mm. an der Mündung; die ursprüngliche Schalenmündung ist dagegen nur 5 Mm. hoch und 3 Mm. breit, und zwar ist der vom accessorischen Theil umschlossene Raum grösser an Umfang als die eigentliche Schale. Von der diese Gattung kennzeichnenden Furche der Columella geht hier nach vorne, wie bei Natica und den Trochiden, eine gerade, vom Hydroiden gebildete Kante, mit welcher der eigentliche äussere Mundsaum unter geradem Winkel zusammen geht. Längs dem inneren Mundsaum findet sich ausserdem eine wulstige Verdickung, welche den Umkreis der accessorischen Mündung ergänzt. Es finden sich in der Kruste keine Kalkeinlagerungen.

Die Schalen waren beide von *Pagurus pubescens* in Besitz genommen.

Fundorte: Die arktische Region Norwegens, Kvænangenfjord, im Sommer 1884. (Der Verf.). UM.

Porsangerfjord im Sommer 1887. (G. Kolthoff.) UM.

Buccinum undatum L. und var. pelagica G. O. Sars.

Unter den vielen Exemplaren der Hauptform, welche ich mit Rücksicht auf die fraglichen Verhältnisse untersucht habe, ist mir keines vorgekommen, dass in bedeutendem Umfang vergrössert gewesen, wohl aber solche, besonders jüngere Schalen, deren äusserer Mundsaum, wenn beschädigt, von dem Hydroiden ausgebessert worden. Es scheint dieser Umstand theils und zwar hauptsächlich darin seine Erklärung zu finden, dass diese Schalen auf den untersuchten Lokalen sehr zahlreich waren, somit den dort lebenden Paguren eine grosse Auswahl von Wohnstätten darbietend, theils dadurch dass die Höhle auch mittelgrosser Schalen in den meisten Fällen ausreichte, um der hier gemeinsten Pagurus-Art, *P. Bernhardus*, Schutz zu gewähren. Es machte sich also nicht bei diesen wie bei den kleineren Schneckengehäusen das Bedürfniss einer Erweiterung geltend; der Einsiedlerkrebs war entweder schon bei der Besitznehmung der Schale erwachsen oder es gestattete diese noch eine durch Häutung bewirkte Vergrösserung des Krebses.

Anders verhält es sich aber mit ein Paar der Varietät *pelagica* zugehörigen Exemplaren aus Spitzbergen. Beide sind von *Podocoryne carnea* bedeckt, das eine ganz und gar, das andere nur auf der Mündungsseite. Bei jenem hat der Hydroide eine sehr mächtige Verlängerung des äusseren Mundsaumes erzeugt, die in der Mitte 16 Mm. beträgt. Die bei den Littorinen erwähnten drei Ausbuchtungen treten deutlich hervor, und zwar sind die seitlichen sehr ausgeschweift, wodurch die accessorische Mündung eine Höhe von 32 Mm., eine Breite, in der Mitte, von 17 Mm. erreicht, anstatt der resp. Masse 19 Mm. und 12 Mm. der Schalenmündung. Es mag ohnehin bemerkt werden, dass die Schale statt siphonostom holostom geworden, indem der Hydroide nicht nur den Siphonalkanal ganz ausfüllt, sondern dazu eine Verdickung auf dem vordersten Theil der Columella bildet, welche mit dem Wachsthum des äusseren Mundsaumes gleichen Schritt hält.

Dass dieses Exemplar, welches völlig so gross wie die erwähnten schwedischen aus Bohuslän ist, dennoch vergrössert worden, spricht zwar scheinbar gegen das oben Gesagte. Aber es fällt dieser Widerspruch weg, wenn man zuerst berücksichtigt, dass sowohl diese als die später zu erwähnenden arktischen Siphoniaten sämmtlich nur den *Pagurus pubescens* beherbergen, welcher dort, in seiner eigentlichen Heimath, eine weit ansehnlichere Grösse als an der schwedischen Küste und als der verwandte *Pagurus Bernhardus* erreicht. Ferner dürfte vielleicht auch — wenigstens in gewissen Gegenden — der Vorrath an Schneckengehäusen der Anzahl und den Bedürfnissen der Paguren nicht entsprechen.

Bei derselben Schneckenschale zieht noch ein anderer Umstand die Aufmerksamkeit an sich. Beim Entfernen der Hydroidenkruste zeigt sich nämlich die unterliegende Schalensubstanz in dem Grade angefressen, dass die noch zurückbleibenden Schichten sehr dünn und zerbrechlich sind; es trägt hierzu auch die innere Kruste bei, welche die Innenwand der Windungen theilweise bekleidet und ihrerseits zerstörend auf die Schale wirkt. Die äussere Kruste ist bei diesem Exemplare durch ihre ungewöhnliche Dicke auffallend.

Das andere Spitzbergsexemplar ist zwar ebenfalls durch den Hydroiden holostom geworden, aber es beschränkt sich übrigens die Vergrösserung auf den kurzen Saum an der vorderen Hälfte des Aussenrandes.

Sowohl bei diesem als jenem Exemplare hat die Hydroidenkruste keine Verkalkung erfahren. Die schwedischen Exemplare waren im Allgemeinen von *Pagurus Bernhardus*, die spitzbergischen sämmtlich von *Pagurus pubescens* bewohnt.

Fundorte: *forma normalis*: Schweden, Bohuslän, Gullmarsfjord. RM.

»   *pelagica*: Spitzbergen, in 12—40 Meter Tiefe auf Stein- und Algenboden. (Die schwedische Spitzbergs-Expedition 1861). RM.

Buccinum glaciale L.

(Taf. I, Fig. 3 und 4.)

Auch bei dieser Art hat *Podocoryne carnea* eine Vergrösserung der Schale bewirkt, und zwar durch Anbau des Mundsaumes und Ausfüllen des Siphonalkanals. Aber während bei dem einen Exemplare die geraden Winkel zwischen dem inneren und äusseren Mundsaum noch bestehen, ist bei dem anderen durch Verdickung der inneren Kruste sowohl der hintere als der vordere Winkel abgerundet und somit die innere Kontur der Mündung völlig oval geworden. Die Verlängerung der Mundkante beträgt 15 Mm., und die Höhe der Mündung ist um $^1/_3$ grösser als die ursprüngliche. Keine Verkalkung hat in der Kruste stattgefunden.

Die Schalen waren von *Pagurus pubescens* bewohnt.

Fundort: Spitzbergen, in 12—40 Meter Tiefe, auf Stein- und Algenboden. (Die schwedische Spitzbergs-Expedition 1861). RM.

Fusus despectus L. var. varicoso-carinata Midd.

Bei einem von *Podocoryne* auf der Mündungsseite bedeckten Exemplar ist die Mündung in der Weise verändert, dass durch die innere Kruste des Hydroiden der Siphonalkanal ausgefüllt, der innere Mundsaum verdickt und der äussere nach vorne verlängert worden. Es ist dadurch der Eingang zum Innern der Schale von dem Kanal aus versperrt, was um so mehr auffällt, da die Höhle dieser Schale zum Beherbergen selbst des grössten Krebses völlig ausreicht und es zur Sicherung gerade nur nöthig war, dass der tiefe Kanal zugeschlossen wurde. Die Kruste ist ganz und gar unverkalkt.

Der Einmiether der Schale war ein sehr grosses Exemplar von *Pagurus pubescens*.

Fundort: Spitzbergen, in 12—40 Meter Tiefe auf Stein- und Algenboden. (Die schwedische Spitzbergs-Expedition 1861). RM.

Fusus fornicatus Reeve.

Ein von einer *Hydractinia*-Kruste ganz überzogenes Exemplar dieser Art liegt mir vor. Der äussere Mundsaum ist freilich nur wenig verlängert, aber der breite und tiefe Siphonalkanal ist vom Hydroiden völlig ausgefüllt. Ueber den von aussen her gefüllten Kanal ist ausserdem die innere Kruste ausgeschweift, so dass die Schale ganz den Anschein einer holostomen Schnecke bekommen hat. Es bildet dieselbe auch auf dem inneren Mundsaum eine Verdickung und geht über den hinteren Mündungswinkel aus. Keine Verkalkung ist in der Kruste nachweisbar.

Das Exemplar, welches trocken vorliegt, ist, nach der Glätte und Form der Innenwand zu schliessen, von einem Einsiedlerkrebs bewohnt gewesen und zwar wahrscheinlich von *Pagurus pubescens*, der einzigen in diesem Meere gefundenen Art.

Fundort: Das Eismeer Sibiriens in 64° 52' n. Lat. und 172° 3' ö. Long. in 36 Meter Tiefe auf Thonboden. (Die Vega-Expedition ²⁸ ; 1879). RM.

Fusus Kröyeri Möll.

Durch *Podocoryne* ist ein Exemplar dieser Schnecke derart verändert, dass der äussere ganz unversehrte Mundsaum um 6 Mm. länger geworden ist. Jedoch streckt sich der neue Saum nicht bis an den Siphonalkanal, der fortwährend offen ist. Keine Verkalkung ist in der Kruste merkbar.

Der Einwohner der Schale war *Pagurus pubescens*.

Fundort: Spitzbergen, Treurenberg-Bay, in 50 Meter Tiefe, auf steinigem Thonboden. (Die schwedische Spitzbergs-Expedition Juni 1861). RM.

Trichotropis Kröyeri Phil.

(Taf. II, Fig. 3 und 4.)

Das vorliegende Exemplar dieser Art hat eine im Verhältniss zum Umfang der Schnecke sehr beträchtliche Vergrösserung seitens der *Podocoryne carnea* erfahren. Die Höhle ist nämlich 10 Mm. länger und deren Mündung 5 Mm. höher, 3 Mm. breiter geworden. Längs dem inneren Mundsaum bildet die innere Kruste eine Verdickung. Auf dem accessorischen äusseren Mundsaum können übrigens die gewöhnlichen von der Lage und den Bewegungen des Paguren abhängigen Ausbuchtungen, sowie wenigstens *ein* dieselbe trennender Rücken mit entsprechender Furche auf der Aussenseite bemerkt werden. Die Kruste hat ihre Weichheit beibehalten.

Die Schale war von *Pagurus pubescens* bewohnt.

Fundort: Spitzbergen, in 12—40 Meter Tiefe, auf Stein- und Algenboden. (Die schwedische Spitzbergs-Expedition 1861). RM.

2. Fossile Art.

Natica sp.

(Taf. II, Fig. 1 und 2.)

Die vier fossilen *Naticæ*, welche ich Gelegenheit gehabt zu untersuchen, sind, in so fern dies durch die noch unversehrten Polypen ermittelt werden kann, von einer *Hydractinia* bedeckt. Es überzieht der Hydroide die ganze Schnecke, so dass die Windungsfurchen meistens ausgefüllt sind, aber besonders bei einem Exemplare hat derselbe eine bedeutende Dicke, der bei *Buccinum undatum* oben erwähnten vergleichbar, erreicht. Eine mehr oder weniger auffallende Vergrösserung der Schale ist durch den Hydroiden bewirkt, und zwar tritt diese bei zwei Exemplaren, unter denen das hier abgebildete, besonders scharf in die Augen. Der äussere Mundsaum ist in der Mitte um 21 Mm. verlängert; die accessorische Mündung ist um etwa 7 Mm. höher und 8 Mm. breiter als die ursprüngliche Schneckenmündung. Dieser Verlängerung des äusseren Mundsaumes entsprechend findet sich auf dem inneren eine vorspringende Kante, mit jener ein gleichseitiges Dreieck bildend. Die ganz wie bei den recenten Schalen abgerundeten und ausgeschweiften Ecken stellen ausser Zweifel, dass auch diese Schale einem Einsiedlerkrebs einst Obdach gewährt, dessen Lage und Bewegungen auf die Form und Richtung der Hydroidenkruste einen bestimmenden Einfluss gehabt. Bei dem grössten Exemplare ist die accessorische innere Mundkante ganz besonders mächtig entwickelt und zwar ist sie nach vorne so breit, dass die Mündung, anstatt wie gewöhnlich durch den Hydroiden erweitert zu werden, fast denselben Umfang als der ursprüngliche beibehält. Obgleich nämlich diese Schnecke grösser als die abgebildete ist, hat doch die Mündung einen geringeren Umkreis. Es darf dies wahrscheinlich dadurch erklärt werden, dass der einwohnende Krebs von geringer Grösse gewesen, sei es dass aus irgend welchem Grunde die Häutung nicht stattgefunden oder dass die Schale bei der Besitznehmung zu geräumig gewesen.

Was den feineren Bau der Kruste betrifft, so gilt auch hier was von den recenten Schalen oben gesagt worden ist. Es zeigt der Querschnitt (Taf. II, Fig. 7) des äusseren Mundsaumes theils ein äusseres mehr unregelmässiges Chitinnetz, welches auf der Oberfläche gezackte Skelettpolypen trägt, theils ein inneres, dessen Chitinleisten meistens parallel verlaufen. Bei diesem kommen keine Skelettpolypen zur Entwicklung, vielmehr ist die innere Fläche ganz eben und glatt, und zwar hängt dies davon ab, dass die kurzen Chitinhöcker am Querschnitte, d. i. die Rücken der durchschnittenen Lamellen von einer dünnen Schicht vereint werden, welche allem Anscheine nach denselben Ursprung hat wie die bei den recenten Littorinen und mehreren vorkommende. Sie unterscheidet sich nämlich vom Chitin durch eine körnige Struktur von ganz derselben Beschaffenheit wie bei den oben erwähnten Krusten, wo sie als eine Absonderung von Seiten des einwohnenden Paguren betrachtet werden muss. Schräg in der Mitte des Schnittes verläuft eine doppelte Chitinlamelle, durch die Basallamellen beider Schichten gebildet.

In derselben Weise kommt es auch zur Bildung der inneren Mundkante, indem sich hierbei sowohl die innere als die äussere, skelettpolypentragende Kruste sich betheiligen. Der ausserhalb der Schale ragende Theil der Hydroidenkruste ist nebst den nächstliegenden Theilen der kriechenden Kruste verkalkt, und zwar scheint die Art der Kalkeinlagerung von der bei recenten Schalen oben erwähnten nicht verschieden.

Wenn es gestattet ist aus ganz gleichartigen Bildungen auf ähnliche Verhältnisse während deren Bildungszeit zu schliessen, so kann, nach dem oben Gesagten, die einstige Behausung eines Paguriden in jeder dieser Schalen kaum bezweifelt werden; aber wohl lässt sich über deren Art nichts Näheres ermitteln.

Fundort nicht angegeben. Die Schalen, der Palaeontologischen Abtheilung des Reichs-Museums zu Stockholm angehörig und »Museum Espling« signirt, sind nach der gütigen Mittheilung des Herrn Prof. G. LINDSTRÖM sämmtlich *tertiären* Ursprungs.

B. Die Vergrösserung des Gastropodengehäuses als Erzeugniss einer Symbiose begründet.

1. Von Seiten des Hydroiden.

a) Durch die Art des Wachsthums.

Bei Vergleichung einer Anzahl von *Hydractinia echinata* bedeckter Schneckenschalen stellt es sich heraus, dass der Hydroide fast ohne Ausnahme einen und denselben Theil der Schale anfangs befällt und zwar die Mündungsseite der letzten Windung. Es kann dies keineswegs durch eine etwa hier hervortretende Beschaffenheit der Schale, welche die Befestigung der frei herumschwärmenden Larve besonders begünstigte, erklärt werden, denn es trifft dasselbe ein bei glatten sowie bei von weichem Epidermis bedeckten Schalen, bei *Littorina* und *Purpura* wie bei *Buccinum*. Die Ursache muss also anderswo gesucht werden und zwar liegt sie, meines Erachtens, in dem Umstand, dass die vom Hydroiden befallenen

Schalen von einem Einsiedlerkrebs bewohnt sind. Wenn auch angenommen werden darf, dass die Hydroidenlarven sich anderswo niederlassen, scheint doch der genannte Ort zu ihrer weiteren Entwicklung und ihrem Gedeihen vor allen förderlich zu sein. Dass die Schale durch die Wanderungen des Krebses immer in frisches Wasser kommt, muss an und für sich als ein wichtiger Faktor hierbei gelten, aber noch wichtiger ist ohne Zweifel theils die Lage theils die Bewegungsweise des Krebses. Indem er nämlich stets die Rückenseite nach aussen, die ventrale dagegen nach innen, gegen die Columella, wendet, kommen seine Mundtheile entweder unmittelbar, sobald er den Körper heraus-streckt, mit der Mündungsseite der Schale in Berührung, oder umspült jedenfalls der stätige Wasserstrom, welcher vermittelst der Mundtheile seiner Kiemenhöhle zufliesst, den jungen Hydroiden. Während ausserdem alle übrigen Theile der Schale, so oft der Krebs auf dem Boden herumwandelt, oft in sehr unmilde Berührung mit der Umgebung kommen, ist der dem inneren Mundsaum nächst angrenzende Theil desselben immer durch den Körper des Krebses selbst vor Verletzungen geschützt, was gerade bei der jugendlichen Kruste um so mehr bedeutet, da die schützenden Skelettpolypen derselben entweder ganz fehlen oder schwächer als bei der älteren Kruste entwickelt sind.

Wenn man also schon in der Art, in welcher der Hydroide auf eine Schnecken-schale sich niederlässt, eine Anpassung an die durch die Gegenwart des Paguren bedingten Verhältnisse spüren kann, tritt uns in dem weiteren Heranwachsen der Hydroidenkruste das Beispiel einer wirklichen Symbiose entgegen.

Es verdient dabei zuerst der Umstand beachtet zu werden, dass der Hydroide, wenn er auch nur noch einen Theil der letzten Schalenwindung bedeckt, sich nicht nach der Spitze der Schnecke zu, sondern beiderseits nach vorne sowohl als nach hinten, nach dem äusseren Mundsaum zu und auf diesen hinüber sich ausbreitet.

Es beschränkt sich aber der Wachsthum nicht *auf* den Mundsaum, sondern geht *über diesen hinaus*, sowie es oben bei verschiedenen Arten von Gastropodenschalen ange-zeigt worden ist. Dieses muss um so mehr befremden, da es in den meisten Fällen an unbedeckten Theilen der Schnecke, welche als Boden der sprossenden Stolonen dienen können, keineswegs fehlt. Das Wachsthum geht ferner in einer solchen Richtung, dass die accessorische Kruste immer in der Fortsetzung des Mundsaumes zu liegen kommt, wobei nicht nur die Dicke, sondern auch die Wölbung am häufigsten denselben der letzten Schalenwindung gleich werden. Je nach dem Grade der Grössenzunahme des Mundsaums kommt auch eine Verlängerung der Columella, und zwar in der Richtung des wirklichen Schneckenpfeilers zu Stande. *Somit wird vom Hydroiden eine wahre Spiralvergrösserung der Schneckenschale bewirkt, wie sie nicht anders vom Gastropoden selbst hätte gebildet werden können.*

Freilich giebt es auch Beispiele eines mehr unregelmässigen Wachsthums, z. B. das-jenige bei zwei tertiären *Naticæ*, indem dort der accessorische Theil, von der Wölbung der letzten Windung ein wenig abweichend, nach der Seite hinaus gewachsen, während zugleich, anstatt einer Verlängerung der Columella, eine Ausbreitung des inneren Mund-saumes nach derselben Seite eingetreten ist. Es darf indessen dies — siehe oben — in besonderen Umständen seine Erklärung finden. Jedenfalls wird dasselbe Ziel erreicht, nämlich eine Erweiterung des spiraligen Hohlraumes des Schneckengehäuses.

Und wenn man fragt: *was giebt zunächst zu dieser Vergrösserung Anlass und was giebt die Richtung an, in welcher das Fortwachsen des Hydroiden geschieht?*, so giebt die accessorische Kruste selbst, so bald sie eine ansehnlichere Grösse erreicht hat, die beste Antwort hierauf.

Wie oben angedeutet, finden sich nämlich bei der herangewachsenen Kruste immer drei mehr oder weniger ausgeprägte Ausbuchtungen des äusseren Mundsaums, deren Bedeutung, sonst räthselhaft, bei der Gegenwart eines Einsiedlerkrebses in der Schnecke sofort einleuchtet. So oft nämlich der Krebs, den Körper zur Hälfte ausserhalb der Schalenmündung streckend, die Schale mit sich herumträgt, kommt theils sein verkalkter Vorderrücken, theils die seitlich ausgesperrten Thorakalfüsse mit den Wänden des Gehäuses in solche Berührung, dass ein Druck auf dieselben ausgeübt wird. Es hat dieser natürlich auf die harte Schneckenschale selbst keinen Einfluss, wird aber für die Form der wenigstens anfangs weichen Hydroidenkruste bestimmend.

Wenn also diese Ausbuchtungen das äussere Merkmal davon sind, dass ein Einsiedlerkrebs die nämliche Schale einst bewohnt hat, so darf man zugleich auch sagen, dass dieser oder vielleicht auch mehrere seines Gleichen, welche nach einander die Schale besessen, die Wachsthumsrichtung des Hydroiden im Ganzen bestimmt haben; sie sind, so zu sagen, der bewegliche Boden gewesen, welcher auf die Form der Kruste entscheidend eingewirkt. *Die spiralgedrehte Lage und die spiralförmigen Bewegungen des Einsiedlerkrebses bedingen ein spiraliges Wachsen des accessorischen Theils seines Gehäuses.*

Es könnte aber Manchem die gewöhnliche, wenig resistente Hydroidenkruste kaum ausreichend als Ersatz einer Schneckenschale erscheinen. Und zwar würde dies der Fall sein, hätte nicht 1:o) die accessorische freie Kruste einen anderen Bau als jene oder wäre nicht 2:o) das Ziel der Vergrösserung, d. i. der Schutz des Krebses, noch auf anderem Wege erreicht. Dadurch nämlich, dass die Kruste fast immer gleichzeitig von der inneren und von der äusseren Fläche der Schale her gebildet wird, kommt durch das Aufeinanderliegen zweier Basallamellen eine Stützlamelle in der Mitte der accessorischen Kruste zu Stande, wodurch ihr eine weit grössere Festigkeit und Derbheit, als sonst der Fall wäre, verliehen wird. Es tritt ausserdem in gewissen Fällen — wovon näher unten — eine Verkalkung der freien Kruste ein, wodurch sie fast durchaus an Konsistenz der Schneckenschale gleichkommt.

Aber von der inneren Struktur ganz abgesehen *vollzieht die freie Kruste stets ihre Aufgabe, in so fern sie der Schalenkruste gleich ist und mit ihr ohne Unterbrechung zusammenhängt*: es giebt dies völlig den Anschein als wäre der Boden beider derselbe, sei es dass die Kruste lebendig ist oder nicht.

Es ahmt dazu der Hydroide die Form der Schnecke nach, und zwar kommt dies zur völligen Geltung in solchen Fällen, z. B. in den oben von *Buccinum undatum* erwähnten, wo die Schalenkruste eine auflösende Wirkung auf die Schalensubstanz ausübt, so dass zuletzt von der Schale selbst entweder gar nichts oder nur wenig zurückbleibt.

Ein Beispiel einer solchen durch *Hydractinia* bewirkten, gänzlichen Auflösung einer Schneckenschale giebt CARTER[1]), und da dieses mit einer anderen unten zu erörternden Frage

---

[1]) H. J. CARTER, Transformation of an entire Shell into chitinous Structure by the Polype Hydractinia etc. Ann. and Mag. Nat. Hist. Ser. 4. Vol. 11. 1873.

zusammenhängt, kann ich nicht umhin den Fall hier näher zu besprechen. Der Verfasser lässt dahin gestellt sein, welcher Gattung die vom Hydroiden befallene Schale angehört habe; es scheint ihm aber die Mündung derselben dafür zu sprechen, dass sie seiner von *Buccinum* ganz verschiedenen Familien angehöre. Aus der beigefügten Figur[1]) zu schliessen, bietet indessen diese Schale, meines Erachtens, gerade ein Beispiel der durch Symbiose vergrösserten Schneckengehäuse dar. Es giebt dies die plötzlich sich erweiternde letzte Windung zu erkennen, auf deren äusseren Mundsaum man sogar wenigstens eine — die mittlere — Ausbuchtung spüren kann. Und zwar muss dies, nach oben Gesagtem, als karakteristisches Merkmal einer durch Symbiose hervorgerufenen accessorischen Kruste gelten. Obgleich aber die Form der Mündung wahrscheinlich als eine sekundäre betrachtet werden mag, giebt jedoch die übrige Form bei ihrer Bestimmung keinen sicheren Aufschluss; besonders aber bleibt unentschieden ob die Schale in der That holostom gewesen oder später so geworden. Von der Schalensubstanz bleibt nur noch die Columella, an Stelle der übrigen sind »parallel layers of clathrate chitinous fibre« getreten, jedoch unter gänzlicher Erhaltung sowohl der äusseren als der inneren Begrenzung der Schale. Die von der Hydroidenkruste aufgelösten Wände geben also das Bild des ehemaligen Schneckengehäuses treu wieder.

Was die Weise betrifft, in welcher diese Umwandlung stattfindet, giebt schon die oben erwähnte Buccinum-Schale einen deutlichen Hinweis darauf. Die Hydroidenkruste ist nämlich nicht nur äusserlich auf allen Schalenwindungen verbreitet, sondern kleidet auch die Schalenhöhle wenigstens zum Theil aus. Auf einem Querschnitte z. B. durch die letzte Schalenwindung zeigt die äussere sowohl als die innere Kruste mit der Oberfläche parallele Chitinlamellen, deren in der gewöhnlichen kriechenden Kruste nur eine und zwar als Basis des Ganzen vorkommt. Es giebt dies an, *erstens dass ein Wachsthum in die Tiefe, d. i. gegen die Schale zu, von innen und von aussen geschieht, zweitens dass dieses Hineinwachsen periodenweise vor sich geht*, was übrigens mit dem Wegfallen der Schalensubstanz in Schichten ganz übereinstimmt. Während diese Umwandlung stattfindet, behält also der Höhlenraum der Schnecke den vorigen Umfang bei, und zwar haben seine glatten Wände keine Veränderung erfahren.

Ein ähnlicher Verlauf der Umwandlung wird auch von CARTER in Betreff der soeben erwähnten Schale angegeben, deren Wände ganz und gar von einer Hydroidenkruste ersetzt worden sind.

Es wird aber die Vergrösserung des Gastropodengehäuses als Erzeugniss einer Symbiose ferner von Seiten des Hydroiden begründet

b) *Durch die den beiden fraglichen Hydroidengattungen* (**Hydractinia** *und* **Podocoryne**) *eigenthümlichen accessorischen Bildungen.*

Es haben die Hydroidengattungen *Hydractinia* und *Podocoryne* eine besondere Aufmerksamkeit auf sich gelenkt, da sie nicht, wie die meisten übrigen Hydroiden dimorph, sondern polymorph sind. Dieser Polymorphismus, an denjenigen der Siphonophoren erinnernd,

---

[1]) l. c. Pl. 1. Fig. 1.

muss wie dort in besonderen Lebensverhältnissen, welche zwar von denen der Mehrzahl der Hydroiden wesentlich abweichen, begründet sein. Und in der That geben die accessorischen Polypen selbst, mit der Erscheinung der fraglichen Gattungen im Ganzen zusammengestellt, den wie mir scheint annehmbarsten Aufschluss ihres Vorkommens.

Die Polypen, welche bei den genannten Gattungen auftreten, sind fünferlei und zwar sind sie bei *Hydractinia* folgendermassen unterschieden:

1:o) *Nahrungspolypen* (Taf. III, Fig. 4). Diese sind meistens keulenförmig mit einem konischen Proboscis, dessen Basis von fadenähnlichen, Nesselzellen tragenden Tentakeln umgeben ist. Jedoch finden sich in einer Hydractiniakruste nicht selten flaschenförmig deformirte Nahrungspolypen, und zwar wird diese Monstrosität von einem oder mehreren Pycnogonid-Jungen — ich habe, deren wenigstens vier in einem Polypen gesehen —, welche dort ihre Entwicklung durchlaufen, bewirkt; bei den von diesen Eindringlingen befallenen Polypen sind dazu oft die Tentakeln verkümmert.

Die Aufgabe der Nahrungspolypen ist, wie der Name angiebt, eine nutritorische; sie sind weich, einziehbar und treten zahlreich über der ganzen Kruste auf.

2:o) *Geschlechtspolypen.* Weniger deutlich keulenförmig und kürzer als die Nahrungspolypen tragen diese auf dem abgestutzt-kegelförmigen Ende zahlreiche knöpfchenförmige von Nesselzellen strotzende Tentakeln und unterhalb dieser, auf der erweiterten Mitte, die knospenartigen Geschlechtsorgane [1]). Da ihnen namentlich die Vermehrung der Art obliegt, wird ein dreifacher Schutz ihnen gewährt und zwar *erstens* durch ihre eigenen Nesselbatterien, *zweitens* von Seiten der Nahrungspolypen, welche sie an Höhe überragen, dicht umstehen und durch ihre Tentakeln schützen, *drittens* von Seiten der unten zu erwähnenden Skelettpolypen, in deren unmittelbarer Nähe sie sich oft am zahlreichsten finden und welche durch ihre derbe Konsistenz sowie durch ihr Emporragen über alle weichen Theile eine Abnutzung oder Beschädigung dieser verhindern.

Die genannten beiden Polypenarten haben die Gattungen *Hydractinia* und *Podocoryne* mit übrigen Polypen gemein.

Die folgenden drei Arten sind dagegen für sie eigenthümliche accessorische Bildungen, namentlich:

3:o) *Spiralpolypen* (Taf. III, Fig. 4 und 5). Der erste, welcher diese Polypen beschrieben und benannt hat, ist Strethill, Wright [2]). Durch fortgesetzte Beobachtungen über das Leben der *Hydractinia echinata* hatte er Gelegenheit das Auftreten und die Funktion dieser sonderbaren Bildungen zu ermitteln und zwar enthält seine Darstellung in Kürze Folgendes:

Die Spiralpolypen («the Ophidian or Spiral Polyps») finden sich immer unmittelbar in der Nähe der Mündung des Schneckengehäuses oder rings um zufällige Grübchen auf dessen Oberfläche. In der Ruhe spiralförmig eingerollt ziehen sie sich bei Berührung noch mehr zusammen, wird aber das Hydroidenstöckchen irgendwo leise angetastet, strecken sie sich auf einmal heftig aus, um sich sodann wieder einzurollen. Wenn wiederum das

---

[1]) Es können diese auch bisweilen unmittelbar von Polyparien entstehen.

[2]) T. Strethill Wright, On *Hydractinia echinata*. The Edinburgh new Philosophical Journal. Ser. 2 Vol 5. 1857.

Stöckchen gewaltthätig verletzt wird, versetzt solches die Polypen mehrere Minuten lang in quer über die Schalenmündung schwingende Bewegungen. Ueber deren physiologische Aufgabe sagt der Verfasser: ›the ophidian polyps are, I doubt not, organs of defence or offence›…, ›but I am unable to assign a reason for their peculiar situation›. Schliesslich fügt er hinzu: »they vary much in number and size in different specimens of Hydractinia, but are rarely altogether absent.›

Es haben später mehrere Verfasser dieser Polypen Erwähnung gethan, und zwar gedenke ich dabei zuerst des Verfassers der History of the British Hydroid Zoophytes [1]). Dort heisst es[2]) von den fraglichen Bildungen: ›round the edge (of the mouth) are set the curious snakelike appendages, either coiled up or unrolled and cast out over the orifice like a fringe›. Und weiter unten: »after studying the structure and the singular associated movements and the constant position of these bodies, I have no doubt that Dr. WRIGHT is correct in regarding them as special organs of the zoophyte (»forms of a truly definite nature») nothwithstanding the opposite decision of AGASSIZ. It is difficult to assign them a function, unless they be, as Dr. WRIGHT has conjectured, »organs of defense or offence». They may, perhaps, be analogous in this respect to the nematophores of the *Plumularüdæ* or the curious tentacular appendages of *Ophiodes*.»

Als Ergänzung hiervon sei es mir gestattet zugleich des Ausspruchs desselben Verf. über die Spiralpolypen der *Podocoryne carnea* zu erwähnen, welcher sich theils in der citirten Arbeit, theils — und zwar ausführlicher — in einer Notiz ›Contributions to the History of the Hydroida»[3]), die in Bezug auf diese Art eine Widerlegung der Ansicht ALLMANS enthält, findet. Es hat nämlich ALLMAN[4]) die Ansicht ausgesprochen: »whatever be the nature of the spiral bodies observed by HINCKS, they certainly do not possess the constancy which caracterizes the spiral appendages of Hydractinia, and it is difficult not to regard both the spiral bodies and the tentacularlike filaments observed by HINCKS in Podocoryne as merely abnormal alterations of the ordinary hydranths (polypites)». HINCKS giebt unter Anderem auf diese Bemerkung zur Antwort: »no doubt all these appendages must be regarded as »alterations of the ordinary hydranths»; but I can se no more reason for considering them »abnormal» in *Podocoryne* than in *Hydractinia*. They present the same general appearance and occupy the same position in both[5]); and in both they seam to be developed only on mature colonies.»

Von denselben Bildungen bei *Podocoryne carnea* sagt GROBBEN[6]), nach Besprechung ihrer Form und Bewegungen: ›Uebrigens finden sich diese überaus empfindlichen, auf den geringsten Reiz reagirenden Gebilde nur an den Rändern, meist an dem Aussenrande der Apertur des Schneckengehäuses und zwar der männlichen Stöcke, in der Nähe der pro-

---

[1]) TH. HINCKS, A History of the British Hydroid Zoophytes. London 1868.

[2]) Seite 24.

[3]) TH. HINCKS, Contributions to the History of the Hydroida. Ann. and Mag. of Nat. Hist. Ser. 4 Vol. 19. 1877.

[4]) G. J. ALLMAN, A monograph of the gymnoblastic or Tubularian Hydroids. Part. 2, p. 350. Lond. 1872.

[5]) forming a line along that portion of the basal crust which edges the mouth of the shell supporting the colony.›

[6]) C. GROBBEN, Ueber *Podocoryne carnea* SARS. Sitzungsber. der kaiserl. Akademie der Wissenschaften. Math.-naturw. Classe. Jahrg. 1875. 72. Band, 1. Abth., S. 461. Wien 1876.

liferirenden Individuen. An weiblichen Stöcken konnte ich sie bisher überhaupt nicht
auffinden.² Zufolge ihrer Bewaffnung, ihrer Bewegungen und ihrer Reizbarkeit sieht er
die Spiralpolypen als »Vertheidigungspolypen« an.

Nach dieser Uebersicht der mir zugänglichen Darstellungen dieser Bildungen mögen
hier einige kurze Bemerkungen über das Auftreten, den Bau und die Funktion derselben,
so wie sie mir bei *Hydractinia echinata* vorgekommen sind, Platz finden.

Was denn zuerst das *Auftreten* der Spiralpolypen betrifft, kann ich die Angabe der citirten
Autoren bestätigen in so fern sich auf einer Mehrzahl untersuchter Schalen diese Polypen
nur rings um die Mündung getroffen wurden. Es setzt also die Gegenwart der Spiralpolypen ein Vorkommen der Hydroidenkruste auf der *letzten* Windung der Schneckenschale voraus, denn in Fällen wo die Kruste nur ältere Theile der Schale befallen hat,
sind daselbst keine Spiralpolypen entwickelt. Wenn dagegen noch nur ein winziger
Flecken des Hydroiden der Columella entlang da ist, werden schon auf seiner inneren
Grenze dergleichen Polypen bemerkt. Und was ihre nähere Anordnung anbelangt, kommen
sie einerseits längs des inneren Mundsaums, und zwar gerade da, wo die Kruste an die
Schneckenhöhlung grenzt, vor, jedoch am zahlreichsten in der Ausbuchtung, welche sich
in der Mitte dieses Mundsaums bei *Buccinum* und *Littorina* findet und durch welche die
Mündung dort am breitesten wird. Auch wenn die Kruste übrigens nicht die Innenseite
der Schale auskleidet, zeigt sich doch immer eine solche nach innen gehende Ecke derselben, deren Polypen gerade durch ihre Lage in einer Einsenkung der Columella vor
Abnützung von Seiten des Paguren geschützt sind. Wenn die Schnecke dazu siphonostom
ist, wie *Buccinum* oder *Fusus*, treten die Spiralpolypen auch in dem Siphonalkanal besonders zahlreich auf und zwar so nahe an der eigentlichen Höhlenmündung, als die Bewegungen des Paguren solches gestatten. Anderseits, in Bezug auf den äusseren Mundsaum, treten uns zwei bemerkenswerthe Umstände entgegen, nämlich theils dass die
Hydroidenkruste, sie mag auch nur als ein schmaler Rand erscheinen, jedoch in der
äusseren Mundkante selbst Spiralpolypen entwickelt, theils dass, bei Verlängerung der
letzten Windung von Seite des Hydroiden, die Spiralpolypen sich immer in der Mün-
dungskante finden, folglich auf dem ursprünglichen Mundsaum resorbirt werden.

Die Spiralpolypen kommen sowohl weiblichen als männlichen Stöcken der *Hydractinia echinata* zu.

Was sodann ihren *Bau* betrifft, sind sie fast cylindrisch, am freien Ende mit einer
verschiedenen Anzahl köpfchenförmiger Auswüchse — wenigstens bis zu zwölf — versehen, deren Form sowohl als Lage an diejenigen der Geschlechtspolypen erinnern. Es
enthalten diese Köpfchen überaus zahlreiche Nesselkapseln, welche dreimal länger und
doppelt breiter als diejenigen der Nahrungspolypen sind. Im Vergleich mit denen der
Geschlechtspolypen aber sind sie, wenn auf derselben Kruste vorkommend, an Grösse von
diesen nicht wesentlich unterschieden; wohl aber sind mir Nesselkapseln von Geschlechtspolypen vorgekommen, die $\frac{1}{3}$ kürzer und $\frac{1}{4}$ schmäler als diejenigen der Spiralpolypen
einer *anderen* Kruste gewesen. Wenn also am freien Ende des Polypen, wo die Köpfchen
ausgehen, das die Nesselkapseln zeugende interstitielle Bindgewebe gut entwickelt ist,
finden sich auch den ganzen Polypen entlang Nesselkapseln hier und da zerstreut. Und
was die übrige histologische Struktur betrifft (Taf. III, Fig. 3), kommt innerhalb des

Ektoderms die bei den Hydroidpolypen gewöhnliche Stützlamelle vor, längs deren Aussenseite eine sehr starke Muskulatur entwickelt ist. Es stellt diese Stützlamelle einen von der Oberfläche überall gleich abstehenden Cylinder dar, welcher nach oben, unter der Spitze der Polypen, blindsackartig geschlossen ist. Sie macht also nicht die Ausstülpungen mit, welche soeben als Nesselköpfchen bezeichnet worden sind. Wenn man nun diese, ihrer Lage und Bewaffnung zufolge, als rückgebildete Tentakeln, betrachten wollte, muss jedoch dabei die Bemerkung angefügt werden, dass sie nicht wie die gewöhnlichen Tentakeln von einer Stützlamelle und folglich auch nicht vom Entoderm gefolgt werden. In der Achse der Spiralpolypen findet sich ein nach oben blind geschlossener Hohlraum, der nach unten wie gewöhnlich mit dem Kanalsystem des Coenosarks kommunicirt und vom Entoderm bekleidet ist. Es zeigen diese Entodermzellen einen excentrischen dem Membrane aufliegenden Kern, und zwar giebt hierdurch deren Flächenansicht ein ähnliches Bild wie es GROBBEN[1]) von den entsprechenden Zellen bei *Podocoryne carnea* gegeben hat. Die Spiralpolypen sind am häufigsten einfach, aber es kommt auch bisweilen ein schief nach oben gehender Seitensprössling unter der Mitte vor, und zwar trägt sein Ende ähnliche Köpfchen und Nesselkapseln wie der Mutterpolyp. Eine solche Gabelung der Spiralpolypen wird auch von AGASSIZ bei *Hydractinia polyclina* und von GROBBEN bei *Podocoryne carnea* erwähnt; dieselbe Tendenz, Seitensprossen zu bilden, findet sich nach dem letztgenannten Verfasser, sowie nach HINCKS und ALLMAN, auch bei den Geschlechtspolypen.

Bei Berücksichtigung der verschiedenen hier angezeigten Merkmale der Spiralpolypen bei *Hydractinia echinata* kann ich schliesslich nicht umhin, dieselben *als den Geschlechtspolypen am nächsten verwandte, durch Anpassung an die besondere Aufgabe der Vertheidigung umgeänderte Bildungen* anzusehen. Und zwar besteht diese Anpassung vor Allem in der sehr starken Entwicklung der Muskulatur, wodurch die überaus grosse Dehnbarkeit möglich wird.

Um endlich ihre *Funktion* näher zu besprechen, nahm schon WRIGHT, wie oben bemerkt, auf ihre ganz eigenthümliche Anordnung hinweisend, eine besondere Aufgabe für sie an, begnügte sich aber, dieselbe unentschieden lassend, sie im Allgemeinen als »organs of defence or offence« zu bezeichnen. Und zwar haben spätere Verfasser eine derartige allgemeine Anschauung ausgesprochen. Und in der That, wenn etwaige mit Nesselkapseln ausserordentlich reich versehene Polypenformen vorliegen, mag schon im Voraus eine solche Deutung berechtigt sein. Wenn aber die gewöhnlichen, im Dienste der Nahrung oder der Vermehrung stehenden Polypen schon in sich die Waffen zur Abwehr oder zum Angriff haben, somit besondere schützende oder angreifende Bildungen überflüssig zu machen scheinen, stellt sich die Frage mehr verwickelt. Es giebt aber dabei, wie mir scheint, die nähere Beobachtung der fraglichen Polypen selbst die wahrscheinlichste Deutung derselben.

Dank der Verbindung aller Polypen unter einander durch den Coenosark der Kruste wird eine dieser angefügten Läsion, resp. der geringste Reiz, selbst den entferntesten Theilen sogleich angekündigt, und zwar hat dieselbe in Bezug auf die Spiralpolypen die Wirkung, dass sie in hin und her schlagende Bewegungen versetzt werden. Zugleich erreicht ihre

[1]) l. c. Taf. I, Fig. 8.

Ausdehnung das höchst mögliche Mass, so dass sie — wie auch Wright [1]) dies dargestellt hat —, wenn sie über die Schaleumündung ausgestreckt werden, kaum ein Drittel der Breite dieser, in der Mitte, offen lassen. Es giebt diese Stellung, in welcher sie wie ein dichter beweglicher Spiesszaun die Mündung umstehen, meines Erachtens, zur Genüge an, dass der Zweck ihrer Bewegungen am nächsten eine Versperrung der Mündung gegen Eindringlinge ist. Ihr zahlreiches Auftreten auch im Siphonalkanal bei den siphonostomen Schneckengehäusen liefert ferner einen Nachweis für dasselbe.

Wenn nun nach der Art dieser Eindringlinge gefragt wird, muss schon im Voraus die der Paguren von denselben ausgeschlossen werden, denn es beweisen im Gegentheile alle Umstände, dass die fraglichen Hydroiden gerade auf solchen Schalen gedeihen und fortkommen, welche von einem Einsiedlerkrebse herumgeschleppt werden. Vielmehr kommt man durch die nähere Beobachtung zu dem Schlusse, dass die Spiralpolypen als ein Schutz nicht *gegen* aber *für* die Einsiedlerkrebse da sein mögen. Und zwar giebt der Bau und die Lebensweise dieser Krebse für eine solche Behauptung sowohl Anlass als Stütze. Selbst eine oberflächliche Untersuchung eines Paguren giebt nämlich an die Hand, dass nur sein Vorderkörper durch verkalktes Chitin geschützt ist, der Hinterkörper dagegen, von weicher Haut umhüllt, eines besonderen Schutzes bedarf. Es wird nun freilich ihm immer ein solcher durch die Schneckenschale gewährt, aber es reicht dieser nur unter den Bedingungen aus, dass erstens kein ihm schädliches Thier im Voraus drinnen zu finden ist und dass zweitens es keinem solchen gestattet wird, später in die Höhle der Schale einzudringen. Dies würde jedoch leicht geschehen, so oft nämlich der Krebs, den Vorderkörper herausgestreckt, mit der Schale auf dem Boden umherwandelt, wären nicht die Spiralpolypen als Wächter ringsum den Eingang postirt und zwar so, dass sie den Körper des Krebses nach allen Seiten erreichen können. So bald nun die Annäherung eines Feindes, z. B. von unten her, wohin die Augen des Krebses nicht dringen können, den Spiralpolypen angekündigt wird, werden diese in lebhafte Bewegungen versetzt, kommen aber dabei mit dem Pagurenkörper in Berührung und zwar an solchen Stellen, welche durch besondere Einrichtungen gegen äussere Eindrücke empfindlich sein müssen. Dem bei den Dekapoden gewöhnlichen Verhältniss zuwider treten nämlich auf der Rückenseite des Vorderkörpers der hier fraglichen Paguren entweder einzelne oder zu Büscheln beisammenstehende Börstchen auf, welche theils in einer Querreihe auf der Herzenregion, theils in einer nach vorne gabelförmig gespaltenen Längenreihe jederseits auf der Magenregion geordnet sind. Von den z. B. auf dem fünften Fusspaare sitzenden Börstchen weichen sie dadurch ab, dass sie ungefiedert sind, somit nicht wie diese eine mechanische Funktion haben; sie zeigen aber einen ähnlichen Bau wie die z. B. auf den Rändern der Scheeren vorkommenden Börstchen. Anstatt dass in gewöhnlichen Fällen der Achsenkanal von Protoplasma gleichmässig ausgefüllt ist, kommen nämlich hier in gewissen Abständen auf dem Protoplasmastrang Verdickungen vor, denen ein Kern anliegt, und es geht zugleich ein feiner Protoplasmafortsatz über die Spitze des Börstchens frei hinaus. Was nun die Scheerenbörstchen betrifft, habe ich mich oft durch angestellte Versuche von deren Aufgabe überzeugt, und zwar durch Anreizung derselben, wenn der Krebs in der

Schale versteckt war und folglich seine Augen die Empfindung nicht vermitteln konnten. Sie sind stets — wie auch die Scheerenbörstchen anderer Dekapoden — gegen Berührung sehr empfindlich, was übrigens bei der durch Verkalkung ganz starren Beschaffenheit der umgebenden Theile, sowie bei der für die Nahrungsaufnahme wichtigen Funktion der Scheeren keineswegs befremden kann. Von der Ähnlichkeit im Bau zu schliessen kommt nun aber auch den fraglichen Börstchengruppen des Rückens eine ähnliche Aufgabe für die Empfindung zu. Endlich mag noch die auffallende Uebereinstimmung in der Lage zwischen den genannten Börstchen und den Spiralpolypen bemerkt werden, indem nämlich jene in der gewöhnlichen hinausgestreckten Stellung des Krebses den Spiralpolypen des äusseren Mundsaumes gerade gegenüber stehen.

4:o) *Tentakelpolypen* (Taf. III, Fig. 6). Wie die vorigen sind auch diese Polypen zuerst von STRETHILL WRIGHT[1]) bei *Hydractinia echinata* erwähnt und benannt. Es hat der Verfasser dieselbe, wenn ausgestreckt, drei- bis fünfmal länger als die Nahrungspolypen gefunden; er traf sie »on the outskirts of the polypary and on each side of the long diameter of the mouth of the shell» und fügt in Bezug auf ihre Aufgabe hinzu: »they must, in their natural condition, reach to the ground, and enable the zoophyte to seize food scattered there by the feeding crab.»

In Bezug auf *Podocoryne* sagt HINCKS[2]) von denselben Bildungen: »they occur on the outskirts of the colony, where they are thickly distributed, and seem to be very generally present. They are in pretty constant motion, stretching themselves out hither and thither.»

Bei *Hydractinia* kamen mir Tentakelpolypen auf ähnliche Weise vor, aber in mehreren Fällen standen sie nahe bei Löchern in der Schale, welche von der Kruste nicht bedeckt waren. Es scheint mir, als seien sie vor Allem dazu geeignet, Schutz gegen bohrende Feinde in der Schalensubstanz selbst zu liefern oder auch kleinere herankriechende Thiere anzugreifen. Ob ihnen ausserdem eine andere Funktion obliegt, muss ich bis auf Weiteres dahin gestellt sein lassen. Ihrer äusseren Erscheinung nach sind sie um die Hälfte schmaler als die Spiralpolypen, aber länger; somit schon im contrahirten Zustand sehr schlank. Das freie Ende ist langgestreckt-keulenförmig, von zahlreichen Nesselkapseln strotzend, denjenigen der Spiralpolypen an Länge und Breite ähnlich. Es kommen aber auch im übrigen Ektoderm bis zur Basis der Polypen interstitielle Gewebe mit Nesselzellen vor. Der innere Bau ist übrigens demjenigen der Spiralpolypen gleich.

5:o) *Skelettpolypen*. Mit diesem Namen hat man die stark chitinisirten kegelförmigen Spitzen bezeichnet, von denen die Kruste dicht besetzt ist. Gleich den übrigen Polypenformen sind sie mit einem Hohlraum, durch das Zusammentreten einiger Stolonen gebildet, in der Achse versehen; es werden aber ringsum denselben dicke Chitinschichten wie bei der Kruste ausgeschieden, und es treten auf dem so gebildeten Chitinkegel wiederum mehrere Stolonen zusammen, welche zwischen sich Chitinschichten aussondern, was den Anlass zu der bei *Hydractinia echinata* gefurchten Oberfläche dieser Polypen giebt. Es können aber durch das Herantreten neuer Stolonen auch diese Furchen zu Kanalen werden

---

[1]) l. c. Seite 311; Fig. 1 e und 13.
[2]) TH. HINCKS, Contributions to the History of the Hydroida. Ann. and Mag. Nat. Hist. Ser. 4 Vol. 19, 1877.

u. s. w. Von dem, was dem Begriffe eines »Polypen« zu Grunde liegt, bleibt somit ganz wenig übrig, indem sie auch die Bewegungsfähigkeit völlig eingebüsst haben. Jedenfalls muss ihre Aufgabe dem ganzen Stöckchen einen zwar nicht aktiven, aber passiven Schutz zu leisten als eine der Art des Vorkommens dieses Hydroiden angepassten sehr wichtigen gelten. Wie oben angedeutet, kommen die Skelettpolypen niemals auf der inneren Seite der Schale zur Entwicklung, und zwar liegt hierin ein negativer Beweis, dass ihnen der Schutz der schwächeren Polypen, welche ebenso ausschliesslich der Aussenseite angehören, obliegt.

Die Vergrösserung des Gastropodengehäuses als Erzeugniss einer Symbiose wird begründet

2. Von Seiten des Paguren

a) *Durch Absonderung eines Sekretes auf der Innenseite des freien Hydroidenstöckchens.*

Es ist vorher bemerkt worden, dass dem Theile der Hydroidenkruste, welcher das Schneckengehäuse inwändig auskleidet, nicht nur die normal anwesenden Polypen, sondern auch die accessorischen abgehen. Und zwar kann die Ursache keine andere sein als das gleichzeitige Vorkommen eines Einsiedlerkrebses innerhalb des Gehäuses. Bei dessen stätigen Bewegungen nach aussen und nach innen in der Wohnstätte muss nämlich die Entwicklung der Polypen, wenn sie anders dort funktioniren könnten, nicht nur erschwert, sondern sogar in den meisten Fällen gehemmt werden. Während nun in der That die innere Kruste vor Polypen ganz frei ist, finden sich doch daselbst immer solche Unebenheiten vor, welche durch die Bildungsart der fraglichen Hydroiden hervorgerufen werden und zwar die zwischen angrenzenden Stolonen entstehenden Chitinkämme, auf den Querschnitten wie kurze Chitinstacheln hervortretend. Bei der theilweise dünnen Beschaffenheit der Körperbedeckung des Paguren lässt sich aber leicht ahnen, dass irgend welche Unebenheiten, die auf den Wänden seines Gehäuses hervortreten, einen nachtheiligen Einfluss auf diese unbeschützten Körpertheile, vor Allem aber auf die am Hinterkörper traubenweise gehäuften Eier ausüben würden. Es wird aber eine solche Beschädigung durch den Paguren selbst verhütet.

Wenn man nämlich die innere Kruste einer von *Pagurus* bewohnten Schale näher untersucht, wird man sie in der That auf der Oberfläche ganz eben und glatt finden. Es sind die Chitinkämme nicht mehr sicht- oder fühlbar, und zwar geben durch die Kruste gemachte Querschnitte die Erklärung hierüber. Sei es dass solche durch eine verkalkte oder unverkalkte Kruste, bei *Hydractinea* oder bei *Podocoryne*, recent sowie fossil gemacht werden, es wird doch immer die Kruste gegen die Höhle zu durch eine besondere Schicht, welche nicht chitinösen Ursprungs ist, begrenzt. Es verbindet diese die gewöhnlichen leistenförmigen Erhebungen alle unter einander, wodurch eine ganz ebene Fläche zu Stande kommt. Es liess die körnige Struktur dieser Schicht vermuthen, dass sie nicht ein Erzeugniss des Hydroiden sei, sondern von dem Einmiether der Schale herrühre. Jedoch blieb noch übrig zuzusehen, ob und wie der Körper des Krebses fähig sei, solch eine Absonderung hervorzubringen. Bei Anfertigung von Querschnitten durch die entkalkte Magenregion des Bernhardkrebses gelang es mir freilich nicht, eine derartige Fähigkeit zu spüren, dagegen fiel der Versuch mit den übrigen Theilen des Kopfbrustschildes besser aus. Es werden, wie bei den Dekapoden im Allgemeinen die Kiemen von einer Duplikatur des Cephalothorax bedeckt, deren hinterer, bei weitem mächtigerer Theil, die sogenannte Branchialregion, von dem winzigen vorderen, der Leberregion, durch ein dreieckiges Zwischenstück getrennt ist. Dort finden sich, unter der Mitte der Branchialregion, im Zwischenstück und im untersten Theile der Leberregion, Drüsen vertheilt, welche auf der Aussenfläche der Duplikatur ausmünden. Und zwar sind die Mündungen derselben so weit, dass sie, wenn vom Sekret gefüllt, ein dunkleres Ansehen als die Umgebung bekommen und daher schon bei genauer Besichtigung, wenigstens mit der Loupe, erkannt werden können. Auf der Branchialregion bilden sie ein fast trapezoidisches dunkles Feld, aus Gruppen um je 3 - 25 Mündungen bestehend. In dem Zwischenstück treten sie schon öfter vereinzelt auf, und die Leberregion hat deren nur wenige zerstreute aufzuweisen.

Die mikroskopische Untersuchung der Drüsen hat Folgendes herausgestellt. Das Drüsenfeld — wie ich das Gebiet der Drüsenmündungen kurz nennen will — unterscheidet sich von den umgebenden Theilen dadurch, dass die Oberfläche von winzigen Chitinpapillen, d. i. von soliden Auswüchsen des Chitins, dicht besetzt ist. Unter diesen finden sich hier und dort tiefe Grübchen des Chitins, welche gewöhnlich birnenförmig, aber auch bisweilen becherförmig sein können. Es sind diese bei einem alten Rückenpanzer durch jüngere Schichten bis zu ihrer eigenen Höhe von den chitinogenen Zellen getrennt. Und wenn man die Entstehung derselben verfolgt (siehe Taf. IV, Fig. 6), stellt sich heraus, dass sie bei einem Krebse, der die Häutung soeben vollendet hat, breite und seichte Vertiefungen der ersten verhältnissmässig dünnen Chitinschicht — der Cuticula — darstellen. Die karakteristische Form kommt aber erst dann zum Vorschein, wenn die Körperwand an Dicke gewonnen hat, indem nämlich die neuen Schichten durch seitliches Pressen die Grübchen gleichzeitig verschmälern und vertiefen.

Es zeigen ferner durch ein Drüsenfeld gemachte Querschnitte, dass zuweilen mehrere Grübchen so nahe an einander liegen können, dass die Scheidewände zum Theil fehlen, wodurch sie, wenn auch übrigens getrennt, gemeinsame Öffnung bekommen. Am häufigsten ist die Mündung eines Grübchens gerundet, wo aber mehrere dicht an einander liegen, ist dieselbe mehr oder weniger eckig. In der Tiefe jeden Bechers (Grübchens) mündet, entweder in der Mitte des Bodens oder ein wenig seitlich, ein cylindrischer Kanal, welcher mehr oder weniger geschlängelt die Chitinschichten durchsetzend seinen Anfang im unterliegenden Gewebe hat. Es finden sich nämlich dort im Bindegewebe unter den chitinogenen Zellen zahlreiche Drüsen; ein Querschnitt dieser zeigt 6—8 pyramidale Zellen, deren Spitzen gegen den centralen Ausführgang gerichtet sind. Es leeren die Kanäle ein braunes körniges Sekret in die fraglichen Grübchen aus. Diese sind somit als *Behälter* des Sekretes anzusehen, und zwar sind sie oft von demselben ganz ausgefüllt, wobei der Ueberfluss sich zwischen den zahlreichen Papillen des Drüsenfeldes ansammelt. Das Sekret in den

Kanälen sowohl als in den Behältern und auf der Oberfläche wird von Hämatoxylin tief blau gefärbt, während das Pikrokarmin auf dasselbe keine Einwirkung hat. Ausser diesen an den Körperseiten gehäuften Drüsen finden sich aber auch im oberen hinteren Theile der Branchialregion einzelne, auf der äusseren Körperfläche ausmündende Drüsen, deren Ausführgänge jedoch auf gewöhnliche Weise das Sekret direkt nach aussen leeren, ganz wie z. B. die in gewissen Mundtheilen der Dekapoden auftretenden Drüsen. Es geht der cylindrische Kanal nach einer ebenen Fläche empor.

Da folglich zweierlei Drüsen im Kopfbrustschild des Bernhardkrebses vorhanden sind, gilt es noch den Zweck derselben zu ermitteln. Es knüpft sich dieser an das oben Gesagte sehr nahe an. Dem Krebse muss nämlich nach den angegebenen Gründen sehr daran gelegen sein, die Wohnstätte seinem Bau angemessen und seiner Brut förderlich zu machen. Und zwar geschieht dies dadurch, dass er, sei es in einer natürlichen oder in einer durch Hydroiden erweiterten Schneckenschale, die Wände derselben glättet. Dass solches aber nicht, wie man vielleicht vermuthen könnte, ganz einfach durch Abnutzung von Seite der harten Körpertheile vor sich geht, davon zeugt die innerste oben besprochene Schicht, welche den Hohlraum der Schale auskleidet. Es zeigt diese Schicht eine auffallende Ähnlichkeit mit dem soeben erwähnten Drüsensekret auf der Branchialregion, und zwar kann ich meinerseits nicht umhin, dieses als das Material jener zu betrachten.

Und was die Art der Uebertragung des Sekrets auf die Wände betrifft, so ist sie, meines Erachtens, eine zweifache. Es kann nämlich diese entweder unmittelbar, durch Reiben der das Sekret liefernden Körperregionen gegen die Wände, geschehen, was besonders von der oberen-hinteren, zum Theil verkalkten Branchialregion gilt, oder auch mittelbar durch besondere eigenthümliche Einrichtungen. Zu diesen gehören erstens die dicht stehenden Börstchen, welche sich sowohl auf dem Drüsenfeld als oberhalb desselben finden und zwar dadurch, dass sie gefiedert sind zur Aufnahme des Sekrets und zu dessen Weiterverbreitung sich eignen.

Es nehmen aber zugleich die zwei hintersten Thorakalfüsse an dieser Aufgabe Theil. Im Vergleich mit den drei vorderen Füssen sind diese sehr klein und dienen offenbar einem anderen Zwecke als jene. Es ist dies schon daraus ersichtlich, dass sie niemals, wenn nicht mit dem ganzen Körper zugleich, das Schneckengehäuse verlassen. Bei näherer Untersuchung findet man, dass ihre Lage mit der Körperbreite zusammen der Weite der Schneckenhöhle so ziemlich entspricht, was sie befähigt durch Anstemmen an die Wände ein kräftiges Hinderniss zu setzen gegen Versuche, den Krebs aus seinem Gehäuse zu reissen. Dabei unterstützt freilich auch der Hinterkörper mit seiner Endplatte und seinen zum Festhalten besonders angepassten Schwanzfüsschen die Bestrebungen des Krebses, aber es liegt ausserdem dem vierten Paare der Thorakalfüsse die sehr wichtige Aufgabe ob, so bald der Krebs aus der beim Hereinkriechen umgewälzten Schale, deren Mündung nach oben sieht, wieder heraus will, den ganzen Körper zu heben, bis die vorderen Füsse den Mundsaum erreichen. Da in beiden Fällen das gewöhnliche glatte Chitin der Körperdecke kaum einen Anhalt gegen die Wände des Schneckengehäuses finden würde, ist die Fläche des letzten Gliedes dergestalt ihrer besonderen Funktion angepasst, dass sie ein Feld dicht an einander gereihter harter Chitinschuppen darstellt. Dieses nebst einer ganz eigenthümlichen Drehungsfähigkeit macht das Anstemmen für die verschiedenen Zwecke möglich.

Aber es zielt der Bau dieser Füsse offenbar auch anderswo hin. Im Gegensatz zu den vorderen Füssen, welche mit den verschieden gestalteten Chitinhöckern im Zusammenhange Büschel winziger Fühlerbörstchen, denen der Scheeren ähnlich, tragen, kommen bei den drei äussersten Gliedern des *vierten* Fusses sowohl um die obere als die untere Kante herum dicht gehäufte, lange, zum Theil gefiederte Börstchen vor, und zwar gilt dasselbe auch vom *fünften* Fusse, jedoch sind sie hier besonders am unteren Rande des Dactylopodits stark entwickelt, gekämmt oder gefiedert. Um die Aufgabe dieses Börstchenbesatzes zu erklären, ist es nothwendig, im Voraus die Bewegungsfähigkeit dieser Füsse zu besprechen.

Was denn zuerst das *vierte* Paar betrifft, stehen seine Coxopodite weit länger von einander entfernt als diejenigen des vorhergehenden Paares, wodurch dieselben trotz ihrer geringen Breite unmittelbar bei der Branchialregion stecken. Der Fuss im Ganzen ist gleichwie der zweite und dritte Fuss seitlich zusammengedrückt, aber es kommt nebenbei, wie beim ersten Fuss, zur Bildung einer wenn auch rudimentären Scheere. Der Dactylopodit dieser bewegt sich jedoch nicht horizontal sondern vertikal gegen den Propodit. Auf dem Index des Propodits findet sich das oben genannte Schuppenfeld, das sich bei Seitenstreckung des Fusses gegen die Schale anstemmt. Von Bedeutung ist dabei theils die Fähigkeit des Carpopodits sich gegen den Meropodit einzubiegen, theils diejenige des Propodits sich fast rechtwinklig gegen die Vertikalebene des Fusses einzustellen. Es liegt aber der Fuss, wenn in Ruhe, schief nach vorne und oben gestreckt, den Seiten der Branchialregion hart angedrückt, sogar oft in einer Falte des weichen Chitins zum Theil versteckt. Dabei kommt aber sein reicher Börstchenbesatz mit demselben der Branchialregion in sehr nahe Berührung, was meistens aus dem den Börstchen anklebenden Sekret ersichtlich ist. Es wischen somit diese Füsschen die Drüsenabsonderung vom Körper ab um sie sodann bei ihren immer wiederholten Seitenbewegungen auf die Schalenwände abzustreichen. Die Länge des Fusses gestattet ihm übrigens, wenn nach vorne gestreckt, sämmtliche drüsenhaltige Regionen, somit auch die Leberregion, zu bestreichen.

Was ferner das *fünfte* Paar angeht, stehen ihre Coxopodite nicht länger als diejenigen des dritten Paares auseinander, sind aber in einer Ebene, welche beim Einziehen des Hinterkörpers einen geraden Winkel gegen dieselbe der übrigen Paare bildet, eingelenkt; es lässt übrigens die Gelenkhaut, welche beiderseits eine grössere Ausdehnung als bei diesen hat, eine freiere Bewegung zu.

Dasselbe gilt ferner von dem Gelenke zwischen Coxo- und Basipodit, aber im höchsten Grade von demjenigen zwischen Ischio- und Meropodit; es gestattet nämlich hier die Gelenkhaut eine Biegung dieses Gliedes in einem spitzigen Winkel gegen jenes, was beim vierten Fuss gar nicht möglich ist. Endlich kann der Carpopodit sich gegen den Meropodit ganz umbiegen und der Dactylopodit sich im geraden Winkel gegen den Carpopodit, jedoch in einer gegen jene winkelrechten Ebene, einstellen. Am Ende des Fusses kommt es zur Bildung einer vollständigen Scheere, deren Index mit Chitinschuppen bedeckt ist. Auf dem entgegengesetzten Rande des Carpopodits finden sich die genannten sehr langen Börstchen.

Durch den Gesammtbau wird es diesem Fusse möglich sowohl seine oben angezeigte Funktion zu vollziehen als auch sich in der Ruhe, unter Umbiegung der Endglieder, in der Einbuchtung zwischen dem Vorder- und Hinterkörper aufzurichten — was in Betracht des engen Raumes der Schneckenhöhle besonders wichtig ist — oder endlich, bei derselben Stellung im Uebrigen, die Endglieder nach vorne und innen über die Branchialregion zu bewegen, wobei die genannte Börstchenreihe des unteren Randes diese abwischt. Es kann folglich auch dadurch ein auf dem Rückenschild abgesondertes Sekret von da auf die Wände abgestrichen werden. Und zwar gilt dies nicht nur von dem Sekret der oberen-hinteren Branchialregion, sondern auch von demjenigen der seitlichen, denn es reichen bis dorthin die Endglieder der Füsse.

Wenn schliesslich nach dem Grunde der ganz eigenthümlichen Mündungsweise der seitlichen Drüsen sowie nach der Form des Drüsenfeldes gefragt wird, kann ich nicht umhin, dieselben als Anpassungen an den fraglichen Zweck zu betrachten. Denn es handelt sich hier darum die grösste mögliche Sekretmenge auf einmal darzustellen, und in der That wird dies durch die zahlreichen, dicht gehäuften Drüsenbehälter bewirkt, deren Sekret ausserdem, sobald sie selbst angefüllt sind, sich zwischen die dicht stehenden Papillen verbreitet, wo dasselbe leichter und reichlicher als sonst der Fall wäre sich den Füssenbörstchen zur Abstreichung darbietet.

Die Vergrösserung des Gastropodengehäuses als Erzeugniss einer Symbiose wird ferner von Seiten des Paguren begründet

b) *Durch Verkalkung des freien Hydroidenstöckchens.*

Im Mom. A) ist oben bei Besprechung der durch Hydroiden erweiterten Schnecken-schalen angedeutet worden, dass die accessorische Kruste unter den recenten Arten bei *Littorina littorea*, unter den fossilen bei der tertiären *Natica*-Art verkalkt war. In allen Fällen war die Vergrösserung durch eine *Hydractinia* bewirkt.

Ein Längenschnitt vertikal durch eine solche von Verkalkung getroffene Hydroiden-kruste nebst dem beiderseits von derselben Kruste bedeckten äusseren Mundsaum der Schneckenschale ist auf der Taf. I, Fig. 9 abgebildet. Es giebt dieser an, dass *erstens* der freie Theil im Ganzen — mit Ausnahme jedoch im Allgemeinen der oberflächlich-sten Schicht — Kalkeinlagerungen hat, während von den auf der Schale kriechenden Krusten die innere ebenfalls im Ganzen, die äussere dagegen nur in den peripherischen, der freien Kruste am nächsten liegenden Theilen verkalkt sind. *Zweitens* stellt sich her-aus, dass nur die früher vom Coenosark erfüllten Räume von der Verkalkung befallen werden, das Chitinskelett dagegen davon unberührt bleibt. Innerhalb der grösseren Chitin-maschen, resp. Chitinröhren, finden sich mehrere Verkalkungscentren je nach dem Grade der Verzweigung der Stolonen, und zwar sind in jedem die Kalknädel strahlenförmig ge-ordnet, was freilich schon auf dem Vertikalschnitt, besonders aber auf dem Horizontal-schnitt (Taf. II, Fig. 8—10) deutlich hervortritt.

Bei Entkalkung der Kruste treten die Grenzen zwischen den entkalkten Partien einer Masche als sehr dünne, unter einander und mit den gröberen Wänden verbundene Chitinlamellen vor (Taf. III, Fig. 1) und zwar zeigen sie, wenn mit Pikrokarmin behandelt, eine intensiv rothe Farbe, während die gröberen Chitinleisten gelbroth werden. Ein der äusseren Fläche der freien Kruste paralleler Schleifschnitt (Taf. II, Fig. 8) trifft die Skelettpolypen, deren immer unverkalkte Achse von derbem Chitin umgeben wird; auf einem ähnlich geführten Schleifschnitt durch die innere Kruste (Taf. II, Fig. 10) fällt aber, wie oben angedeutet, der Mangel an Skelettpolypen in die Augen.

Bei Nachforschung des Grundes dieser auffallenden Umwandlung der Hydroidenkruste muss vorbemerkt werden:

1:o) Das unter gewöhnlichen Lebensverhältnissen, d. h. wenn der Hydroide auf einer Unterlage kriecht, eine Verkalkung niemals in der Kruste zu finden ist.

2:o) Dass, wenn die accessorische Kruste sich verkalkt hat, die kriechende Kruste, von welcher jene hervorgegangen ist, auf der Aussenseite nur in den peripherischen Theilen, auf der Innenseite dagegen ganz und gar von Verkalkung getroffen ist.

3:o) Dass, während die übrige freie Kruste verkalkt ist, in den meisten Fällen eine oberflächliche Schicht fortlebt, wodurch eine abermalige Erweiterung der Schale noch möglich wird.

Es scheint mir dies Alles darauf hin zuweisen, dass die Verkalkung einem zufällig hinzutretenden Faktor zuzuschreiben ist, der von innen aus auf die Kruste wirkt und zwar nicht zu jeder Zeit, sondern periodenweise. Ein solcher ist der Einsiedlerkrebs.

Einem jeden, der diese Thiere eine Zeitlang im Leben beobachtet, ist es wohl bekannt, dass sie, gleichwie andere Dekapoden, zu gewissen Zeiten sich häuten, obgleich die Häutung bei ihnen eigentlich nur den Vorderkörper umfasst. Nach einer solchen Häutung wird aber allmählig dem neuen weichen Chitin Kalk zugeführt und zwar lässt sich vermuthen, dass bei der intimen Berührung, in welcher der Krebs gerade unmittelbar nach der Häutung, so lange er ruhig innerhalb der Schale bleibt, mit den Wänden seines Gehäuses steht, diese auch von der stattfindenden Verkalkung theilhaftig werden. Auf solche Weise wird nicht nur das verschiedene Verhalten vieler Theile der Kruste mit Hinsicht auf die Verkalkung, sondern auch die Möglichkeit eines abermaligen Anwachsens der Kruste, nachdem ältere Theile schon verhärtet worden, erklärt. Von der auf der Aussenseite der Schale kriechenden Kruste werden nämlich neue Theile über die verkalkten und ausserhalb derselben zugefügt, wodurch der Hohlraum des Gehäuses nochmals zu Gunsten des Paguren vergrössert werden kann. Dieser wird also künftig eine oder mehrere Häutungen in der Schale durchmachen können und es werden die jüngst angesetzten weichen Theile der Kruste jedesmal verkalkt.

An dieser Stelle kann ich nicht die Darstellung unerwähnt lassen, welche CARTER[1]) von einer *Hydractinia echinata* giebt, die eine von *Pagurus* bewohnte Buccinum-Schale sowohl in- als auswendig bedeckte. Der Verfasser theilt Abbildungen von Querschnitten der inneren Kruste[2]) mit, welche um mehr als die Hälfte ihrer Dicke verkalkt ist. Und

---

[1]) H. J. CARTER, Transformation of an entire Shell into chitinous structure by the Polype *Hydractinia* etc. Ann. and Mag. Nat. Hist. Ser. 4 Vol. 11 1873.

[2]) l. c. Pl. 1, Fig. 8 und 9.

zwar deutet er diese Bildung dahin aus, dass der Hydroïde durch die Schalensubstanz gedrungen sei und spricht die Vermuthung aus, dass auf ähnliche Weise die ganze Schale am Ende umgewandelt werden könne. Obgleich solches nur durch direkte Untersuchung festgestellt werden kann, muss ich jedoch bis auf Weiteres es für wahrscheinlich halten, dass es sich auch hier um eine Verkalkung von Seiten des einwohnenden Paguren handelt. Denn wiewohl auch mir Fälle — siehe oben — vorgekommen sind, wo eine *auflösende* Wirkung des fraglichen Hydroiden auf die Schneckenschale anerkannt werden muss, so habe ich jedoch nicht ein Durchdringen derselben durch die Schalensubstanz beobachtet; vielmehr sind dabei sowohl die innere als die äussere Kruste ganz weich. Sehr glaublich kommt es mir dagegen vor, dass ein Hydroïde, nachdem er auf Kosten der Schale jederseits an Dicke zugenommen oder endlich jene ganz und gar aufgelöst hat — vergleiche das oben erwähnte Beispiel CARTER's —, von innen aus entweder zum Theil oder im Ganzen, je nach der Dauer der Symbiose mit dem Paguren, verkalkt werden könne.

C. Der gegenseitige Vortheil dieser Symbiose als Grund der Schalenvergrösserung.

Der allgemeine Eindruck, welchen man von einem mit *Pagurus* zusammen lebenden *Hydroïden* bekommt, ist, dass er sich gerade dort eines besonderen Gedeihens erfreut. Wenn man aber entweder demselben Hydroïden den Paguren entnimmt oder beide zugleich in ein Wasser versetzt, welches nur selten erneuert wird, bekommt derselbe in beiden Fällen bald ein kränkliches Ansehen und geht viel schneller als der Krebs zu Grunde. Es liegt nach allen Zeichen dem Hydroïden sehr daran stetige Zufuhr frischen Wassers zu haben, wodurch ihm zugleich immer neue Nahrung zugeführt wird, und zwar kann diesem Bedürfniss kaum besser entsprochen werden als wenn der Einsiedlerkrebs ihn umherträgt. Seiner Gefrässigkeit zufolge, an welcher er der gewöhnlichen Strandkrabbe kaum nachgiebt, führt nämlich dieser eine sehr unruhige Lebensweise, getheilt zwischen Jagt auf Beute und Aufsuchen neuer Wohnstätten, nicht selten unter Kämpfen mit Genossen um dieselben. Sobald aber der Krebs ein altes Gehäuse verlassen hat, geht auch der daran sitzende Hydroïde, in so fern nicht ein anderer Krebs sich seiner annimmt, bald zu Grunde, was aus den vielen mit gestorbenen Krusten bedeckten Schneckengehäusen ersichtlich ist; und zwar muss dies besonders dort der Fall sein, wo der Boden entweder weich oder von kleinen Steinen bedeckt ist. Wenn dem so ist, scheint es mir auch berechtigt *die Symbiose mit dem Paguren in manchen Fällen als eine Lebensbedingung für den Hydroïden* zu betrachten.

Der Nutzen wiederum, welcher dem *Paguren* aus der Symbiose mit dem Hydroïden entsteht, ist freilich nicht so augenfällig wie jener, dürfte aber in der That unter gewissen Umständen nicht minder wichtig sein. Nach dem was oben im Mom. B. 1. b) von den accessorischen Polypen gesagt ist, kann ich *erstens* nicht umhin die Spiralpolypen als eine im Dienste des Schalenmiethers stehende Bildung zu rechnen. Es sprechen dafür ihre Anordnung sowohl als ihre Bewegungsart, beide dahin zielend, das Eindringen kleinerer Thiere in die Schneckenhöhle zu verhindern. Welche Bedeutung dieses aber für den ein-

wohnenden Krebs hat, leuchtet dadurch ein, dass sich gerade dort nicht nur die empfind-
lichsten Theile des Krebses finden, sondern auch die Eier verborgen werden. Da nun
aber unter den Krebsen, sowohl bei den höheren als den niederen, eine auffallende Für-
sorge für die Brut sich offenbart, muss ein derartiger Schutz, wie die Spiralpolypen, mit
den Fühlerbörstchen des Rückens zusammen, darbieten, nicht ohne grosse Bedeutung sein.[1]
Was aber in *erster* Hand zum Nutzen des Paguren reicht, das kommt *mittelbar* dem
Hydroiden zu Gute. Denn in so fern jener in seinem Gehäuse nicht von Feinden beun-
ruhigt wird, verlässt er nur gezwungen dasselbe, und es kann der Hydroide eine zeitlang
ungestört sich entwickeln, bis der Krebs sich bei der Häutung aus Mangel am Raum nach
einer grösseren Wohnstätte umsicht.

Aber es kann auch dem letztgenannten unter gewissen Umständen durch den Hydroiden
vorgebeugt werden, und zwar ist es gerade der Zweck dieser Darstellung gewesen dieses
darzulegen. Ein grösserer den Bedürfnissen des Krebses entsprechender Raum wird vom
Hydroiden selbst bereitet und zwar ein solcher, welcher dem Miether mehr als andere grössere Schneckenschalen zusagen muss. Es bildet sich nämlich die wenigstens anfangs weiche
accessorische Hydroidenkruste nach dem Körper des Paguren aus, wodurch dessen Bewegungen nach aussen sowohl als nach innen viel besser als in der harten Schneckenschale
ausgeführt werden können. In der vergrösserten Wohnung stehen ihm übrigens, wie in
der ursprünglichen, Spiralpolypen zu Dienste, indem sie in jener den accessorischen Mundsaum eingenommen haben.

Es macht das Auftreten solcher vergrösserten Schalen wahrscheinlich, dass sie zunächst *durch den Mangel an grösseren Schalen auf dem betreffenden Lokale hervorgerufen
werden.* Der Krebs wird genöthigt in der alten Schale zu bleiben; diese wird indessen
vom Hydroiden angebaut, kann aber auch bisweilen von demselben mit der Zeit aufgelöst
werden, in welchem Falle der Hydroide unter Beibehaltung der äusseren sowohl als der
inneren Form eines Schneckengehäuses dasselbe ganz und gar vertritt. Es kommt aber dies
zu einem höheren und dem höchsten Ausdruck, wenn die Hydroidenkruste obendrein verkalkt wird; es ist dann auf Grund der Symbiose nicht nur ein völliger Ersatz der früheren
Schneckenschale, sondern auch eine sowohl nach Konsistenz als nach Form durchgeführte
Nachahmung derselben bewirkt.

---

[1] In Bezug auf die Bedeutung der Nesselorgane im Allgemeinen als Schutzmittel für gewisse Thiere
anderer Gruppen mag auf die auch in unseren Meeren stattfindenden Symbiose zwischen jungen *Fischen* (z. B.
Gadus callarias und *Caranx*) und *Scheibenquallen* hingewiesen werden, sowie auf diejenige zwischen kleinen tro-
pischen *Fischen* (aus der Gattung *Trachichtys*) und *Aktinien*, worüber SLUITER (siehe Zool. Anzeiger Jahrg. 11,
1888) eingehende Aquarienbeobachtungen in der Zool. Station zu Batavia gemacht hat. Es wird in beiden Fällen
den Fischen ein wesentlicher Schutz durch die Nesselkapseln tragenden Tentakeln der genannten Thiere gewährt.

II. Die Symbiose zwischen Spongien und Paguren.

Wer sich mit Dreggungen nach »Benthos» an unseren westlichen Küsten beschäftigt, findet nicht selten auf hartem, aus Schalensand bestehenden Boden kleine, meistens kegelförmige Spongienklümpchen, welche ohne Ausnahme mit einer verhältnissmässig grossen, runden oder ovalen Öffnung versehen sind. Der Eingang zum Innern wird von einem Scheerenfuss gesperrt, der bald, wenn die Spongie ruhig im Wasser gelassen wird, einem Paguren gehörig zu sein erscheint. Bei näherer Untersuchung kommt unter der Spongie die Schale einer Schnecke, welche am häufigsten allseitig von jener umschlossen ist, zum Vorschein, und zwar giebt die Kegelform der Schnecken die Erklärung über die Gleichförmigkeit der Spongien.

Die Spongie ist unter dem Namen *Suberites ficus* ESPER (O. SCHMIDT) bekannt; bei den englischen Küsten bildet sie nach BOWERBANK[1]) entweder einen Ueberzug über Schneckenschalen oder wächst sie frei von der Unterlage hervor; bei unseren Küsten dagegen wird sie nach FRISTEDT[2]) nur in jener Form angetroffen und zwar oft auf den von Paguren bewohnten Gehäusen.

Wiewohl sie aber von der Unterlage nicht abgesetzt ist, wuchert sie jedoch in der Regel nicht gleichförmig über die ganze Schale, sondern geht vorzugsweise über die Mündung dieser hinaus, wodurch die Schale bisweilen um $^{1}/_{2}$ ihrer natürlichen Grösse verlängert wird. Anstatt dass dieser Umstand, wie man vermuthen könnte, einen nachtheiligen Einfluss auf den einwohnenden Paguren hat, wird in der Spongiensubstanz eine Fortsetzung der Schneckenhöhle gebildet, welche sowohl durch ihre Spiralform als durch ihre Weite dem Krebse ganz angepasst ist.

Die Schneckengehäuse, deren Höhle dergestalt vergrössert wird, sind meistens *Turritella communis* RISSO und *Nassa incrassata* STRÖM, und die einmiethenden Krebse gehören entweder den kleinen Arten *Pagurus euanensis* THOMPS. und *Pagurus chiracanthus* LILLJ. an oder sind Junge von *Pagurus pubescens* KRÖYER.

Dass diese Vergrösserung nicht zufällig ist, sondern als Produkt einer Symbiose zwischen der Spongie und dem Einsiedlerkrebs betrachtet werden muss, ist aus mehreren Gründen ersichtlich.

Was zuerst die *Spongie* betrifft, giebt schon ihr Auftreten gerade auf den von Paguren bewohnten Schalen und ihre Wucherung nach deren Mündung zu erkennen, dass sie dort das beste Gedeihen hat. Und in der That kann dies nicht befremden, wenn in

---

[1]) J. S. BOWERBANK, A Monograph of the British Spongiadæ Vol. II. London 1866 und Vol. III. London 1874. Pl. 36.

[2]) K. FRISTEDT, Bidrag till kännedomen om de vid Sveriges vestra kust lefvande Spongiæ. K. Svenska Vetensk.-Akad. Handl. Bd. 21, N:o 6.

Betracht kommt, dass der Krebs nicht nur immerfort durch sein Umherkutschiren ihr Nahrung zuführt, sondern auch, wenn ruhig, durch den ununterbrochenen, nach und von den Kiemen gehenden Wasserstrom für den Wasserwechsel sorgt. Im Anfang der Vergrösserung kann sich die Wucherung sogar auf eine Verlängerung des Schalenmundsaums beschränken, welche, da sie von derselben Dicke wie die Schale ist, an die vorher erwähnten durch Hydroiden bewirkten Vergrösserungen sehr erinnert.

Was wiederum den *Paguren* anbelangt, legt zuerst die Form der Spongienhöhlung ein unleugbares Zeugniss des Einflusses ab, welchen er auf die Bildung derselben hat. Es bildet nämlich diese eine unmittelbare Fortsetzung der Schneckenspirale und zwar so, dass sich eine Columella von Spongiensubstanz in der Achse bildet, um welche der Krebs ganz wie um die wirkliche Columella seinen Körper dreht. Ferner haben die Wände der Höhlung eine Konsistenz, die sonst nirgends in der Spongie vorkommt; es findet sich nämlich der Höhlung am nächsten eine zwar dünne aber dichte Schicht, welche auf der freien Oberfläche geglättet ist; dieselbe kleidet auch die Columella aus und streckt sich bis über den Mundsaum. Sie tritt folglich auf der ganzen Oberfläche auf, die mit dem Pagurenkörper in Berührung kommt.

Ein Längenschnitt durch die Spongie von der Mündung aus (Taf. V, Fig. 6) giebt über die Verschiedenheit beider Flächen Aufschluss.

Bei dieser Spongien-Art finden sich zweierlei Spicula, nämlich capitulato-acuta und inflato-obtusa. Jene sind 8 mal grösser, stecknadelähnlich, diese sind sehr klein (0,05 mm. lang), nach beiden Enden stumpf, schwach gebogen und mit einer Anschwellung um die Mitte versehen. In der Aussenwand stecken nur wenige Spicula inflato-obtusa, aber vorzugsweise Spicula capitulato-acuta (Taf. V, Fig. 9) und zwar das spitze Ende nach aussen gekehrt und über das weiche Gewebe hinaus gestreckt, so dass diese Fläche von ihnen überall starr und rauh wird. Die innere, der Höhlung zugekehrte Wand besteht dagegen ausschliesslich aus den kleinen stumpfen Spicula, welche dazu am häufigsten der Länge des Kanals nach liegen (Taf. V, Fig. 10). Sie setzen die soeben erwähnte sehr dichte Schicht zusammen, welche von der grösseren scharfspitzigen Spicula nicht durchdrungen wird.

Es entspricht dieser Bau der Innenwand, im Vergleich mit der äusseren, auffallender Weise demjenigen der inneren und äusseren Kruste bei den oben besprochenen Hydroiden und zwar muss in beiden Fällen die Verschiedenheit in der Anwesenheit des Einsiedlerkrebses innerhalb derselben begründet sein. Denn nicht weniger als im vorigen Falle leuchtet auch hier der Nutzen ein, welcher dem von dünner Haut bedeckten Paguren aus einer ebenen Beschaffenheit der Wände seiner Wohnstätte entsteht. Es scheint übrigens die Glätte der Wände direkt vom Paguren selbst herzurühren, und zwar durch ein von seinem Kopfbruststück geliefertes Sekret vermittelt werden.

Wenn aber nach dem allgemeinen Vortheil der Symbiose gefragt wird, welche diese Vergrösserung der Pagurenwohnung zur Folge hat, so ist derselbe in Bezug auf die Spongie schon darin ausgesprochen, dass sie gerade durch das Zusammenleben mit dem Paguren eine höhere Entwicklung als sonst erreicht, auch nicht, wie sonst, der Gefahr unter dem Gerölle eines sandigen und steinigen Bodens unter zu geben, bloss gestellt ist. Für den Krebs dagegen hat erstens der Umstand Bedeutung, dass er, wo bei den Häutungen die ursprüngliche Schale ihm zu eng wird, nicht genöthigt ist, eine neue Wohnstätte aufzusuchen, sondern sich nur in dem von der Spongie vergrösserten Raum einzurichten bedarf. Und weit entfernt dass der Krebs, wie man hat glaublich machen wollen, *wenn sonst gesund*, von der Spongie mitunter überwuchert, wie in einem Gefängniss zu Grunde gehe, sprechen alle Umstände dafür, dass er sich sehr wohl in der erweiterten Wohnung fühlt. Auch würde es ihn nur einen Griff mit den Scheeren kosten, wollte er z. B. die Mündung erweitern oder eine allzu schnelle Wucherung verhüten. Statt dessen benimmt er sich in der Spongie völlig wie früher im Schneckengehäuse; wie sonst die Mündung der Schale verschliesst er hier die Mündung des Spongienkanals mit der grösseren — der rechten — Scheere, welche am häufigsten darin gleichwie ein Operculum passt.[1] Und zwar liegt der Krebs dahinter in der neuen Wohnstätte ebenso geschützt wie in der ursprünglichen. Es erschwert auch die Spongie selbst durch Form und Farbe die Entdeckung des Miethers. Aber in Lokalen, in denen für diesen kleinen Paguriden geeignete Gehäuse fehlen, tritt meines Erachtens die Bedeutung der Spongie seinem Genossen gegenüber noch deutlicher hervor.

—

Beim Vergleich zwischen der hier besprochenen Symbiose von Spongien mit kleinen Pagurus-Arten und derjenigen von Hydroiden mit grösseren Paguren kann somit in manchen Fällen eine auffallende Uebereinstimmung erkannt werden. Und anstatt dass bei oberflächlicher Betrachtung der Nutzen dieser wie jener Symbiose, was die Paguren betrifft, dahin gestellt werden könne, muss man sich vielmehr bei genauer Prüfung aller auf dieselben beziehenden Umstände fragen, nach welcher Seite in solchen Fällen wie den hier erwähnten der Vortheil überwiegt.

[1] Es benehmen sich die Paguriden beim Verschliessen ihres Gehäuses auf sehr verschiedene Weise. Der hier (Taf. V, Fig. 7) abgebildete tropische *Coenobita clypeata* (aus Anjer am Sunda-Strait) deckt die Mündung durch die grössere *linke* Scheere zu und zwar ist die Lage der übrigen Füsse dieselbe wie bei *Pagurus euonensis*, obwohl die dritte linke hier, weil mächtiger entwickelt, auch bei dem Zuschliessen wichtiger wird. Bei unserem *Pagurus pubescens* sei noch zu erwähnen die die Art kennzeichnende Form der linken Scheere, die sie befähigt sich mit der rechten beim Schliessen der Schneckenhöhle zu betheiligen (siehe Taf. V, Fig. 1). Bei *Pagurus Bernhardus* wird derselbe Zweck durch die weit geringere Entwicklung des linken Scheerenfusses im Verhältniss zum rechten erreicht (Taf. IV, Fig. 2).

III. Die Symbiose zwischen Aktinien und Paguren.

Gewissermassen als Erläuterung der oben in den Abth. I und II erwähnten Bildungen kann ich nicht umhin endlich die Symbiose zwischen der Aktinie *Adamsia palliata* und *Pagurus Prideauxii* zu besprechen, obwohl dieselbe an den skandinavischen Küsten nur selten zu finden ist. Es kommt nämlich hier durch die Aktinie eine Bildung zu Stande, welche eine ähnliche Bedeutung wie die freie Hydroidenkruste für *Pagurus Bernhardus* und *Pagurus pubescens* und wie die Spongie für die kleinen Pagurus-Arten hat.

Auf einem von der genannten Pagurus-Art bewohnten Schneckengehäuse findet sich die junge Aktinie nahe am inneren Mundsaum befestigt. Bei zunehmender Grösse breitet sich der Fuss nach beiden Seiten zum äusseren Mundsaum aus, folgt diesem rings um und schliesst endlich die Mündung tubenförmig ein, somit die Wohnung des Krebses vergrössernd. Und zwar hat diese Erweiterung des Hohlraums der Schale vor diesem den Vorzug, dass sie jede beliebige Form annehmen kann, also den Bewegungen des Paguren ganz und gar sich anpasst. Durch die ungeheuere Ausdehnung des Aktinienmantels wird die Mundscheibe derselben mit den umstehenden Tentakeln sehr niedrig in der Mitte der Mündungsseite der letzten Schalenwindung verlegt, und zwar unmittelbar unter den Mundtheilen des Krebses, so oft dieser sich hinausstreckt.

Schon das Gesagte würde hinreichend sein als Beleg des gegenseitigen Vortheils dieser Symbiose, fänden sich nicht ausserdem über das Leben dieser Thiere eingehende Beobachtungen, welche den völligen Aufschluss über dieselbe geben. Wir verdanken diesen zuerst dem englischen Naturforscher GOSSE, dessen Aquarienstudien uns mit den sonderbaren Gewohnheiten des genannten Krebses bekannt gemacht haben.

Obgleich die Seeanemone eine Erweiterung der Wohnstätte des Paguren auf die genannte Weise bewirkt, würde dies jedoch für den im ausgewachsenen Zustand sehr grossen *Pagurus Prideauxii* bei wiederholten Häutungen nicht ausreichen, und in der That vertauscht er auch die alte Schale gegen eine grössere. Es wird aber bei dieser Vertauschung die Aktinie nicht mit der alten Schale verlassen, sondern der Krebs ist besorgt sie möglichst schnell auf die neue Schale und zwar auf eine der früheren entsprechende Stelle hinüber zu führen. Er soll dabei die Scheeren brauchen, mit denen er auch die Aktinie auf der Stelle so lange fest hält, bis sie sich befestigt hat.

Dieses eigenthümliche Benehmen stellt nun, meines Erachtens, ausser Zweifel, dass die Gegenwart der Aktinie auf der Schale einen dem *Krebse* wesentlichen Nutzen herbeiführt. Es besteht dieser ohne Zweifel *erstens* darin, dass die Aktinie vermittelst ihrer mit Nesselkapseln bewehrten Tentakel das Eindringen kleiner Thiere in die Höhle verhindert — es kann damit die Funktion der Spiralpolypen bei Hydractinia verglichen werden —; *zweitens* wird auch dem Paguren durch die mantelförmige Verbreitung des Fusses eine Vergrösserung seiner Wohnung bewirkt, die wenn auch nicht in der Jugend beider Thiere hinreichend um eine Vertauschung der Wohnstätte überflüssig zu machen, jedoch immer von Bedeutung sein mag, besonders aber im vorgeschrittenen Alter als wirklicher Ersatz eines grösseren Gehäuses dienen kann.

Was wiederum den Vortheil betrifft, welcher der *Aktinie* aus der Symbiose entsteht, ist derselbe freilich schon durch die unveränderte Lage ihrer Mundöffnung gerade unterhalb der Kauwerkzeuge des Krebses angegeben, es darf aber dabei auch die vom Paguren vermittelte bewegliche Lebensweise nicht ausser Acht gelassen werden.

Das Gesagte kann also in der Weise kürzlich zusammengefasst werden, dass den verschiedenen Pagurus-Arten verschiedene Mittel zu Gebote stehen, durch Symbiose das zu ersetzen, was ihnen an Schutz und Raum in den natürlichen Wohnstätten, den Schneckengehäusen, fehlt; und zwar zeugen die so entstandenen accessorischen Bildungen — sie mögen an Form und Konsistenz weit verschieden sein — auf's deutlichste von ihrer Anpassung an die Bedürfnisse sowohl auch an die eigenthümliche Lebensweise der Paguren.

INHALT.

—

TAFEL I.

Tafel I.

Fig. 1. *Littorina littorea* L., durch *Hydractinia echinata* vergrössert, von vorne. 1.5/1.
  " 2. "   "   "   "   "   "   " hinten.
  3. *Buccinum glaciale* L., durch *Podocoryne carnea* vergrössert, von vorne. 1/1.
  4.   "   "   "   "   "   "   " hinten.
  5. *Lacuna divaricata* Fabr., durch   "   von vorne. 2,5/1.
  " 6.   "   "   "   "   " hinten.
  7. *Trochus tumidus* Mont.,   "   von vorne. 2.5/1.
  8.   "   "   "   "   " hinten.
  9. Schleifschnitt quer durch den äusseren Mundsaum von *Littorina littorea* nebst der verkalkten accessorischen Hydractiniakruste.

Die den Figuren beigesetzten Bruchzahlen geben die Vergrösserung an.

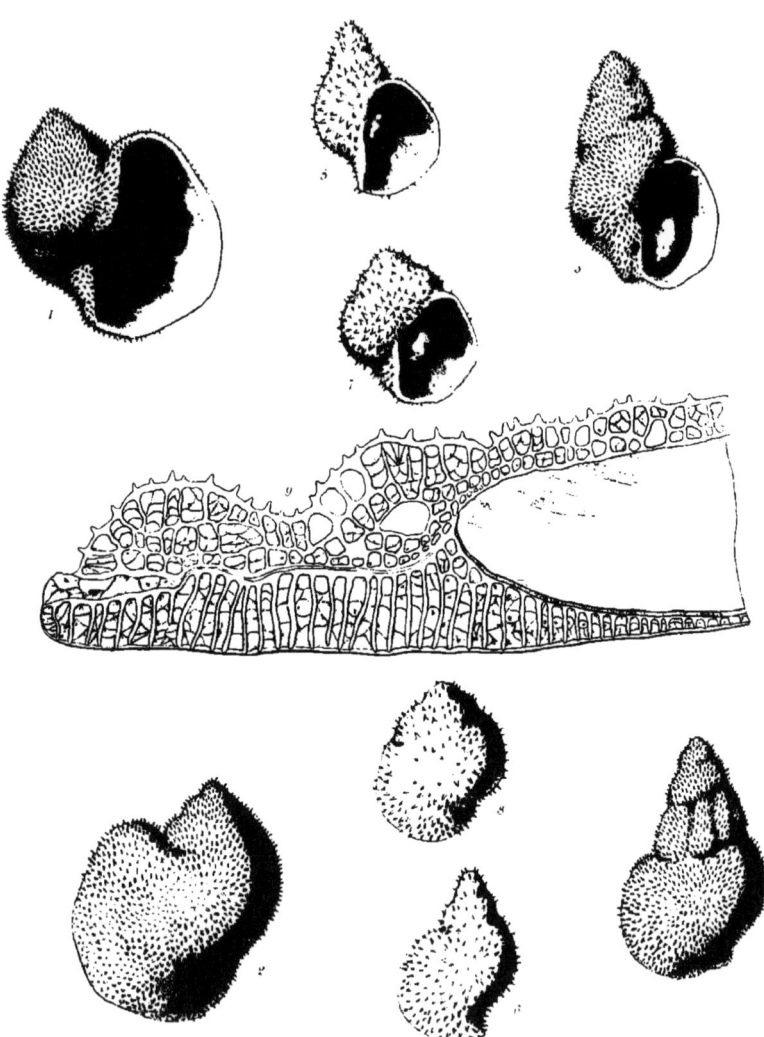

TAFEL II.

Tafel II.

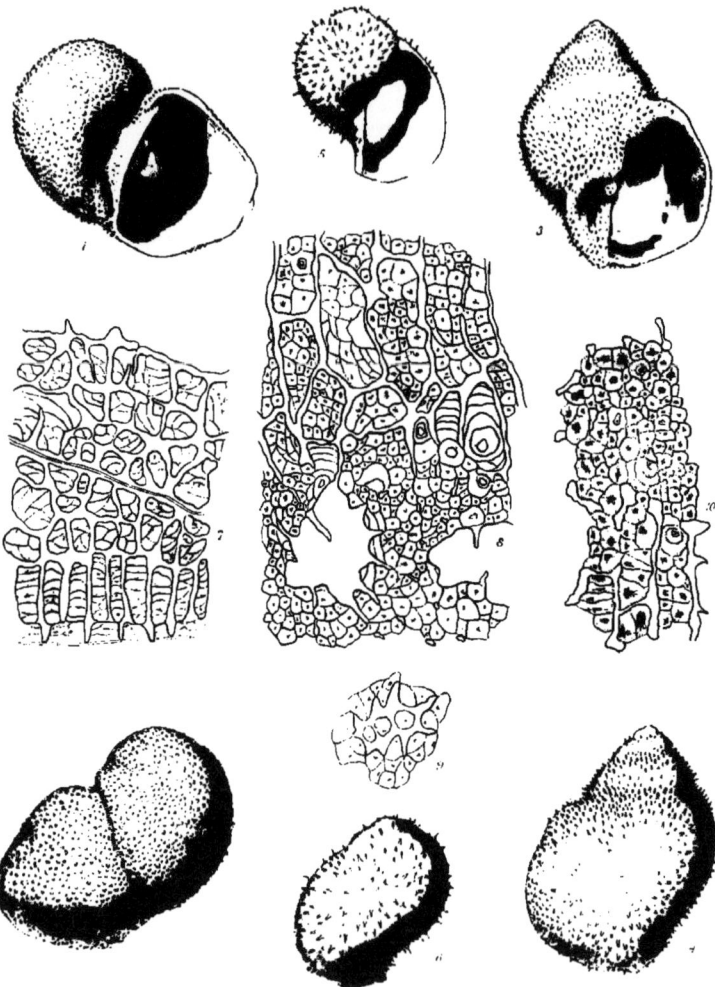

TAFEL III.

Tafel III.

Fig. 1. Querschnitt durch die entkalkte accessorische Hydractiniakruste von *Littorina littorea*.

  » 2. Stolonen, zum Theil anastomosirend, von *Hydractinia echinata* auf der Mündungswand einer Buccinum-Schale.

  3. Längenschnitt durch einen der Nesselköpfe der Spiralpolypen.

  4. *Hydractinia echinata*, mit Nahrungs-, Geschlechts-, Spiral- und Skelettpolypen, auf *Buccinum undatum*. Die Spiralpolypen contrahirt.

  5. Ein Spiralpolyp, stark vergrössert.

  6. Ein Tentakelpolyp, stark   .

TAFEL IV.

Tafel IV.

Fig. 1. Rückenansicht von *Pagurus Bernhardus* L., 3/1.
- 2. Seitenansicht » » » 1,5/1.
- 3. Die Branchialregion, die Leberregion und das Zwischenstück von *Pagurus Bernhardus*, von aussen.
- 4. Ein Stück des Drüsenfeldes mit den Mündungen der Drüsensekretbehälter.
- 5. Querschnitt durch das Drüsenfeld der Branchialregion bei *Pagurus Bernhardus*.
- 6 » » » » » » » unmittelbar nach der Häutung.

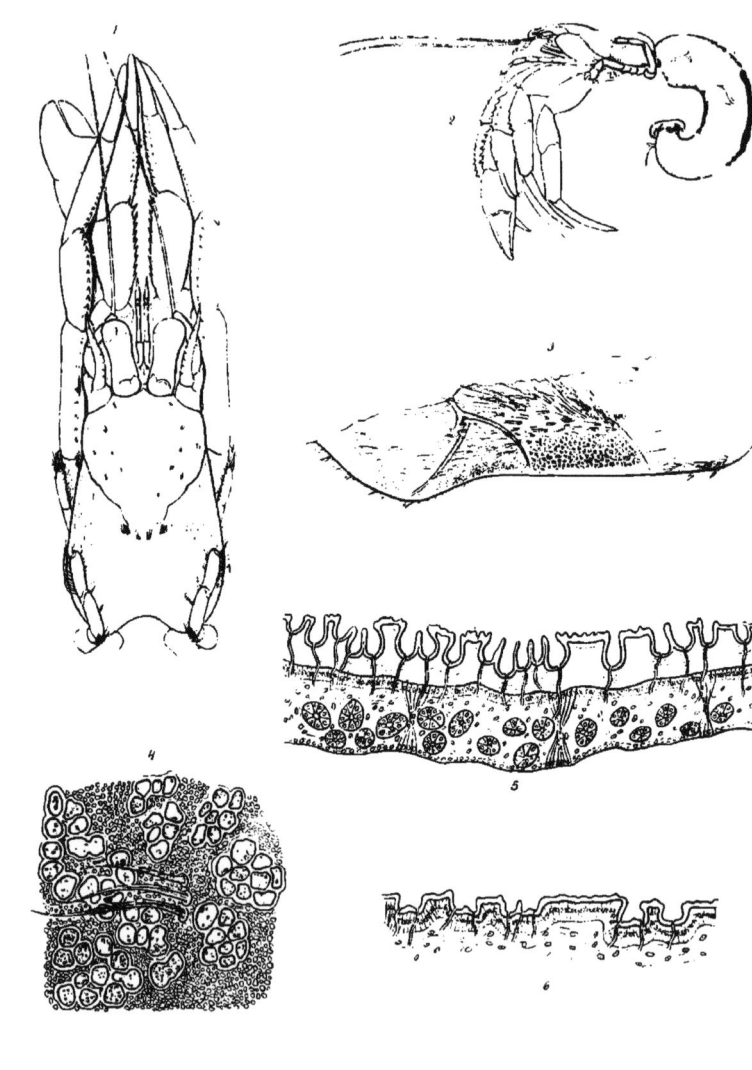

TAFEL V.

Tafel V.

Fig. 1. Die Scheeren eines *Pagurus pubescens*, wenn die Schalenmündung zuschliessend. 1,5 1.
2. Der vierte Thorakalfuss bei *Pagurus pubescens*. 3/1.
3. » fünfte » 3 1.
4. Längenschnitt durch *Suberites ficus* auf *Turritella communis*, um die accessorische Pagurenwohnung zu zeigen. 2,5/1.
5. *Suberites ficus* eine von *Pagurus chiracanthus* bewohnte Turritella-Schale bedeckend. 3 1.
6. Schnitt durch die Mündung der von *Suberites ficus* gebildeten accessorischen Pagurenwohnung.
7. Eine von *Coenobita clypeata* bewohnte Schale aus Sunda-Strait.
8. Ein Fühlerbörstchen von der Magenregion des *Pagurus Bernhardus*.
» 9. Schnitt durch die äussere Fläche des *Suberites ficus* (vergl. Fig. 6).
» 10. Schnitt durch die innere, dem Paguren zugewandte Fläche desselben (vergl. Fig. 6).

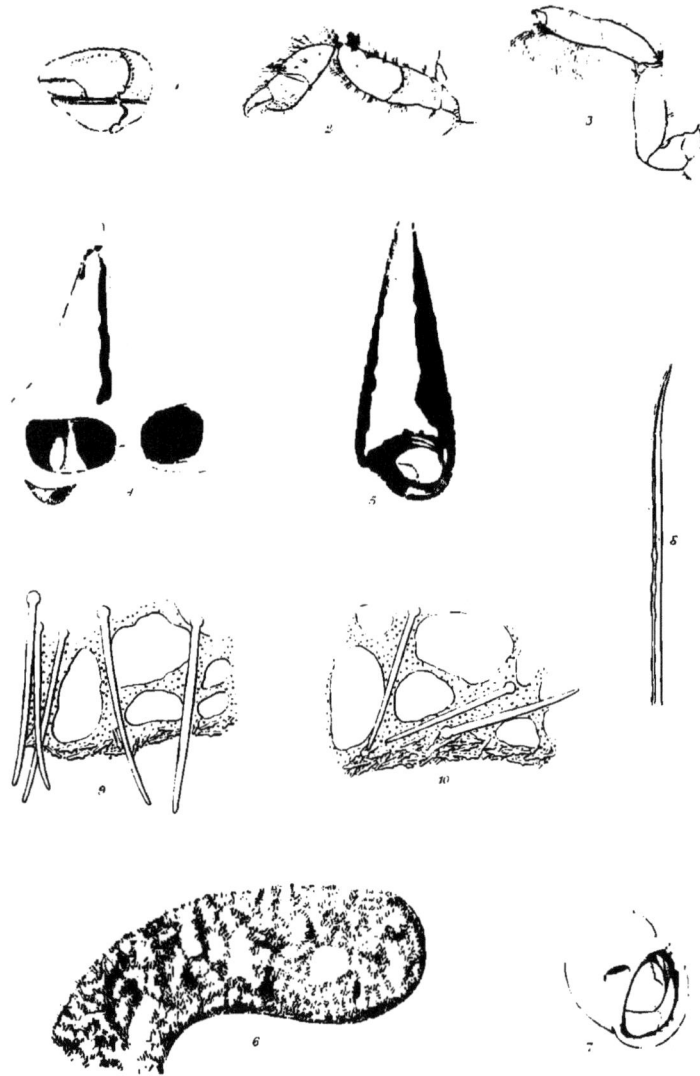